Esther und Jerry Hicks
Wunscherfüllung

Esther und Jerry Hicks

WUNSCHERFÜLLUNG

Die 22 Methoden

Aus dem Amerikanischen
von Thomas Görden

Allegria

Die Originalausgabe erschien 2004
unter dem Titel ASK AND IT IS GIVEN, Part 2
im Verlag Hay House, Inc., Carlsbad, CA, USA

Allegria ist ein Verlag der Ullstein Buchverlage GmbH
Herausgeber: Michael Görden

3. Auflage 2007

ISBN 978-3-7934-2013-2

Übersetzung: Thomas Görden
Umschlaggestaltung: FranklDesign, München
Titelabbildung: Shivananda Ackermann
Gesetzt aus der Sabon
bei LVD GmbH, Berlin
Druck und Bindearbeiten: Bercker, Kevelaer
Printed in Germany

Inhalt

Vorwort

von Dr. Wayne W. Dyer

Das Buch, das Sie in Händen halten, ist der zweite Teil eines Werkes, das ursprünglich in den USA in einem Band erschienen ist. Sein erster Teil erschien in deutscher Sprache unter dem Titel ***Wünschen und bekommen.*** Es enthält einige der wirkungsvollsten Lehren, die auf unserem Planeten heute verfügbar sind. Etwas Derartiges ist nie zuvor veröffentlicht worden – Sie werden sich glücklich schätzen, am Denken jener teilzuhaben, die in ständiger Verbindung zur Ur-Kraft stehen. Hinzu kommt, dass diese Stimmen aus der geistigen Welt eine Sprache sprechen, die leicht verständlich ist, sodass Sie das Gelesene sogleich praktisch umsetzen können. Sie liefern Ihnen nicht weniger als eine Blaupause, die Sie in die Lage versetzt, Ihr Schicksal zu verstehen und zu formen.

Sollten Sie innerlich noch nicht bereit dafür sein, diese große Weisheit zu lesen und anzuwenden, lege ich Ihnen dringend ans Herz, dieses Buch für ein paar Wochen immer bei sich zu tragen. Lassen Sie die Energie, von der es durchtränkt ist, alle möglichen Widerstände in Ihrem Körper-Geist-System abbauen, sodass Sie in Resonanz gehen mit jenem inneren Ort, der formlos und grenzenlos ist – er wird oft die *Seele* genannt, aber Abraham spricht von der *Schwingungs-Harmonie zu Ihrer Ur-Kraft.*

Wir leben in einem Universum aus Schwingungen. Einstein stellte einst fest: »Nur, wenn sich etwas bewegt, geschieht etwas« – was besagt, dass alle Dinge in einer bestimmten, messbaren Frequenz schwingen. Wenn man die materielle Welt in immer kleinere Komponenten aufspaltet, sieht man, dass das, was wir als fest und solide wahrnehmen, in Wahrheit ein Tanz ist – ein Tanz von Teilchen und leerem Raum. Schaut man sich die winzigsten dieser Quanteilchen an, zeigt es sich, dass sie einer Quelle entstammen, die so schnell schwingt, dass die Gesetze der alltäglichen, endlichen Welt aufgehoben zu sein scheinen. Diese höchste/schnellste Energie wird Ursprungsenergie genannt. Alle Wesen und Dinge, also auch Sie und ich, entstammen dieser Ur-Schwingung und wurden dann in die Welt von Körper, Geist und Ego versetzt. Dass wir diesen Ursprung verlassen haben, führte uns geradewegs in unsere jetzige Welt voller Probleme, Krankheiten, Mangel und Furcht.

Die Botschaft dieses Buches ist erstaunlich und doch so einfach – Ihr wahrer Ursprung ist eine Quelle von Liebe und Wohlbefinden. Wenn Sie sich im Einklang mit dieser friedvollen, liebevollen Energie befinden, erlangen Sie Ihre ursprüngliche Macht – was es Ihnen ermöglicht, sich Ihre Wünsche zu erfüllen, Gesundheit zu erlangen, Fülle anzuziehen, wo bislang Mangel herrschte, und durch göttliche Führung zur rechten Zeit den richtigen Menschen zu begegnen und die richtigen Hinweise zu erhalten. Genauso arbeitet die göttliche Ur-Kraft, und da Sie aus dieser göttlichen Quelle hervorgegangen sind, verfügen Sie ebenfalls über diese Fähigkeiten.

Ich habe einen ganzen Tag mit Abraham verbracht, ich habe mit Esther und Jerry zu Abend gegessen und mir Hunderte von Abraham-Tonbandaufzeichnungen angehört, und daher kann ich Ihnen aus erster Hand versprechen: Sie werden mit diesem Buch zu einer Ihr Leben verändernden Reise aufbrechen, ermöglicht durch zwei der authentischsten und spirituellsten Menschen, die mir je begegnet sind. Dass es ihnen ermöglicht wird, diese Lehren an Sie weiterzugeben, erfüllt Jerry und Esther mit tiefer Ehrfurcht, und ebenso empfinde ich beim Schreiben dieses Vorworts für Abraham.

Ich lege Ihnen ans Herz, Abrahams Worte sorgfältig zu lesen und unverzüglich anzuwenden. Ihre Wirkung lässt sich in einer Beobachtung zusammenfassen, auf die ich seit vielen Jahren immer wieder hinweise: »Wenn man die Dinge auf andere Weise betrachtet, verändern sie sich.« Sie werden eine völlig neue Welt sehen und erfahren, die sich vor Ihren Augen verändert. Diese Welt wird durch die göttliche Ur-Kraft erschaffen, die möchte, dass Sie sich wieder mit ihr verbinden und ein glückliches Leben in Freude führen.

22 bewährte Methoden, um zu positiveren Lebenserfahrungen zu gelangen

Wenn Du noch kein Buch mit den Durchsagen von Abraham gelesen hast, wollen wir Dich kurz mit dem vertraut machen, was Abraham Dir mitzuteilen hat. In den Durchsagen (Channelings), die wir in unserem Buch ***Wünschen und bekommen*** aufgezeichnet haben, erinnert Dich Abraham an vieles, was Du immer schon wusstest: Du erinnerst Dich, dass Du eine Ausdehnung der Ursprungs-Energie bist und dass Du in Deinen physischen Körper und in diese evolutionäre Raum-Zeit-Realität gekommen bist, um mit Deinem Denken voller Freude zu neuen Horizonten vorzustoßen.

Du erinnerst Dich, dass Du über ein inneres Feedback-System verfügst, das Dir jederzeit präzise anzeigt, wie viel Verbundenheit mit der Ur-Kraft Du gegenwärtig zulässt.

Du erinnerst Dich, dass Du an Deinem Wohlbefinden ablesen kannst, wie gut Du im Einklang mit Deinem wahren Sein bist: Wenn Du viel Verbundenheit mit der Ur-Kraft zulässt, fühlst Du Dich gut. Und je weniger von dieser Verbundenheit Du zulässt, desto schlechter fühlst Du Dich.

Du erinnerst Dich, dass es nichts gibt, was Du nicht sein, tun oder haben könntest. Und Du erinnerst Dich, dass es einen einfachen Weg gibt, in Deinen natürlichen Zustand der Freude zu gelangen: Es muss Dein vordringliches Ziel sein, Dich gut zu fühlen, und Du musst immer das Beste aus Deiner momentanen Situation machen.

Du erinnerst Dich, dass Du frei bist (sogar so frei, Dich für Unfreiheit zu entscheiden) und dass alles, was Dir widerfährt, eine Reaktion auf Dein Denken ist.

Du erinnerst Dich, dass Du, ganz gleich, ob Du Dich gedanklich mit Deiner Vergangenheit, Gegenwart oder Zukunft beschäftigst, immer eine Schwingung ausstrahlst, die Deinem momentanen Aufmerksamkeits-Fokus entspricht.

Du erinnerst Dich, dass das Gesetz der Anziehung immer fair ist und dass es keine Ungerechtigkeit gibt – denn alles, was Dir widerfährt, ist eine Reaktion auf die Schwingungen, die Du aussendest. Und diese Schwingungen sind das Resultat der Gedanken, die Du denkst.

Und, das ist am wichtigsten: Du erinnerst Dich, dass Wohl-Sein das Fundament Eurer Welt ist. Solange Du nichts tust, was den freien Fluss des Wohl-Seins in Deinem Leben blockiert, geht es Dir gut. Du kannst Wohl-Sein zulassen oder Dich dagegen sträuben, aber in Wahrheit existieren nur Wohlergehen, Fülle, Klarheit und das Gute.

Und Du erinnerst Dich, dass es keinen Schalter gibt, mit dem Du die Dunkelheit einschalten kannst. Es gibt keine Quelle des »Bösen«, der Krankheit oder des Mangels. Du kannst Wohl-Sein zulassen oder seinen freien Fluss behindern und hemmen – aber alles, was Dir widerfährt, wird ausnahmslos von Dir selbst verursacht.

Gibt es etwas, das ich verbessern möchte?

Wenn Dein momentanes Leben in jeder Hinsicht angenehm ist, dann brauchst Du nicht weiterzulesen. Gibt es jedoch etwas, dass Du verbessern möchtest – vielleicht etwas, das Du gern erreichen möchtest, oder etwas, das Du aus Deinem Leben verbannen möchtest –, werden die nachfolgend geschilderten Methoden für Dich überaus hilfreich sein.

Deine Gewohnheit, hemmende, blockierende Gedanken zu denken, ist das einzige, was Dich daran hindert, Dir Deine Wünsche zu erfüllen. Obwohl Du diese Muster inneren Widerstandes sicherlich nicht mit Absicht entwickelt hast, geschah es während Deines physischen Lebens doch, dass Du sie Stück für Stück, Erfahrung für Erfahrung gewissermaßen »aufgelesen« hast. Eines aber ist klar: *Wenn Du Deine Schwingungs-Frequenz nicht veränderst, kann sich auch an Deiner Lebenssituation nichts ändern.*

Die Methoden, die auf den folgenden Seiten beschrieben werden, wurden entwickelt, um Dir zu helfen, Dich schrittweise von allen Widerstands-Mustern zu lösen. So, wie Du diese Muster nicht alle zur selben Zeit entwickelt hast, wirst Du sie auch nicht alle auf einmal loswerden können – aber Du *wirst* sie loswerden. Methode für Methode, Spiel für Spiel (das Wort *Spiel* verwenden wir gleichbedeutend mit *Methode*) und Tag für Tag wirst Du allmählich zu einer Person werden, die zulässt, dass sie von Wohl-Sein erfüllt und durchströmt ist.

Die Menschen in Deiner Umgebung werden überrascht beobachten, wie sich Dein ganzes Leben verändert und Du immer mehr Freude ausstrahlst. Und mit dem Dir angeborenen Vertrauen, Deiner naturgegebenen Sicherheit wirst Du sagen: »Ich habe einen Weg gefunden, mein natürliches Wohl-Sein frei fließen zu lassen. Ich habe die *Kunst des Sich-Öffnens* erlernt.«

Ein Vorschlag zur Anwendung dieser Methoden

Daher stellen wir Dir die nachfolgend beschriebenen Methoden mit großem Enthusiasmus und voller Hoffnung vor. Wenn Du genug Zeit hast, dann lies zunächst alle Methoden durch, ohne sie sofort auszuprobieren. Bei der Lektüre wirst Du bei denen, die für Dich gegenwärtig von besonderem Wert sind, einen starken Impuls spüren, sie sofort anzuwenden. Markiere die Methoden, die in Dir momentan echte Begeisterung wecken, mit einem Lesezeichen. Wenn Du dann Zeit hast, eine oder mehrere Methoden anzuwenden, beginne mit der, die in Dir gerade den größten Enthusiasmus weckt. Das ist der beste Einstieg.

Du kannst auch einfach irgendeine beliebige Methode auswählen. In jedem Fall wirst Du davon profitieren, denn jede der Methoden in diesem Buch wird Dir helfen, inneren Widerstand abzubauen und Dein Schwingungsniveau anzuheben. Die Macht Deiner Wünsche und der Grad deines Widerstandes bedingen aber, dass bestimmte Methoden momentan für Dich von größerem Wert sind als andere.

Wenn Du Dir die Methoden und die Anwendungsbeispiele durchliest, erkennst Du wahrscheinlich, dass einige der aufgeführten Beispiele dem ähneln, was gegenwärtig in Deinem eigenen Leben geschieht, sodass Du von der Anwendung der jeweiligen Methoden unmittelbar profitieren wirst. Da Dein Leben aber ein breites Spektrum von Erfahrungen und von Emotionen bereithält, gibt es keine festen Regeln, welche Methode für welche Situation angewendet werden soll.

Räumen wir die Bäume aus dem Weg

Einige der Methoden werden Dir helfen, Deine Wünsche klarer zu erkennen, sodass Dein Aufmerksamkeits-Fokus stärker wird. Wenn Du aber gerade, aus welchem Grund auch immer, sehr viel inneren Widerstand aufgebaut hast, könnte eine Methode, die bewirkt, dass Du noch mehr Energie aufbaust, sich als kontraproduktiv erweisen.

In unserem Buch *Wünschen und bekommen* benutzten wir zur Veranschaulichung folgendes Beispiel: Wenn man mit Tempo 160 gegen einen Baum fährt, hat das weitaus fatalere Folgen als eine Kollision mit dem Baum, wenn der Wagen nur zehn Kilometer schnell ist. In dieser Analogie entspricht die Geschwindigkeit des Autos der Schöpfungs-Energie, die Du für die Verwirklichung Deines Wunsches mobilisierst, und der Baum steht für Deine widerstreitenden Gedanken, deinen inneren Widerstand. Oft glauben die Leute, in diesem Fall sei es das einzig Richtige, die Geschwindigkeit zu drosseln. Wir jedoch sind Lehrer, die Dich ermutigen, die Bäume aus dem Weg zu räumen!

Die Methoden, die wir Dir in diesem Buch vorstellen, dienen dazu, den inneren Widerstand aus dem Weg zu räumen, denn es gibt nichts Schöneres, als mit dem ganzen Schwung und Tempo des Lebens voranzureisen – ohne dass Bäume im Weg stehen.

Lass Dich von Deinen Emotionen leiten

Alle Deine Emotionen sind Reaktionen auf Deine Lebenserfahrungen, und diese Emotionen sind der Schlüssel, um herauszufinden, welche Methoden für Dich zurzeit besonders geeignet sind. Generell kann man sagen, dass die Methoden entsprechend dem Wohlbefinden geordnet sind: Wenn Du Dich gegenwärtig sehr schlecht fühlst, wirst Du am meisten von den Methoden profitieren, die in der Reihenfolge hier im Buch ganz hinten stehen. Je besser Du Dich fühlst, desto mehr eignen sich dann auch die in der Reihenfolge weiter vorn stehenden Methoden.

Am wichtigsten ist es, dass Du Dich vor der Arbeit mit einer der Methoden immer fragst, wie Du Dich momentan fühlst – und wie Du Dich gern fühlen möchtest. Am Anfang jeder Methode beschreiben wir, für welche emotionale Verfassung sie geeignet ist. Es empfiehlt sich, mit jenen Methoden zu beginnen, die zu Deiner momentanen Gefühlsskala passen.

Beginnen wir damit, uns besser zu fühlen

Manche Methoden befassen sich mit spezifischen Lebensbereichen, etwa der Verbesserung Deiner finanziellen Situation oder der körperlichen Gesundheit, aber die überwiegende Zahl der Methoden lässt sich in jeder Lebenslage erfolgreich anwenden.

Wir versprechen Dir, dass Dein Leben sich durch die Beschäftigung mit den Methoden positiv verändern wird, denn sie bewirken, dass Du Dich besser fühlst. Und wenn Du Dich besser fühlst, verringert sich Dein innerer Widerstand und Dein Aufmerksamkeits-Fokus verbessert sich. Und wenn sich Dein Aufmerksamkeits-Fokus verbessert, wird das *Gesetz der Anziehung* Dir zu Lebensumständen, Beziehungen, Erfahrungen und Empfindungen verhelfen, die eindrucksvoll beweisen, dass Du Deine Schwingungs-Frequenz angehoben hast. Dies ist ein universelles Gesetz!

Du wirst feststellen, dass einige der Methoden in diesem Buch Dir besonders gut gefallen. Manche wirst du täglich anwenden wollen, während Du andere nie benutzt, oder nur einmal, weil sie danach nicht mehr erforderlich sind. Auf manche wiederum wirst Du nur bei besonderen Gelegenheiten zurückgreifen.

Es ist unser Wunsch, dass Du Dich auf angenehme Weise mit den Methoden vertraut machst, denn wir wissen, dass sich Dein Leben durch sie zum Besseren verändern wird. Aus unserer Perspektive heraus wurden diese Methoden in der sehr wichtigen Absicht erschaffen, Dir und vielen anderen Menschen bei der Wiedervereinigung mit jener Energie zu helfen, die Euer wahres Sein ist. Auf diese Weise werdet Ihr zu Eurer natürlichen Freude zurückfinden. Oh, und natürlich haben sie den angenehmen Nebeneffekt, dass sie Euch helfen, Eure lang gehegten Wünsche zu verwirklichen!

☺

Hast Du einen »Smiley« darübergeklebt?

Wenn Du lernen möchtest, Deine Erfahrungen bewusst zu steuern, sind Deine Emotionen von zentraler Bedeutung. Und natürlich sind sie die entscheidenden Faktoren, wenn Dein Leben in glücklichen Bahnen verlaufen soll.

Bestimmt würdest Du nicht auf die Idee kommen, Deine Fingerspitzen zu betäuben, damit sie nicht mehr hitzeempfindlich sind, ebenso wenig wie Du die Tankanzeige Deines Autos mit einem großen gelben Smiley-Sticker zukleben würdest, nur um nicht sehen zu müssen, dass der Sprit knapp wird. Auch Deine Gefühle solltest Du nicht mit einem »Smiley« überkleben, statt Dir einzugestehen, wie Du Dich wirklich fühlst. Eine Maskierung der eigenen Gefühle hindert Dich nur daran, Deinen Schwingungs-Fokus positiv zu verändern. Wenn Du Deine Schwingungen anhebst, verändern sich auch Deine Gefühle.

Wie man Energie fokussiert, um die eigene Schwingung zu verändern

Wenn Du Dich an ein früheres Ereignis erinnerst, fokussierst Du Energie. Wenn Du Dir ein mögliches zukünftiges Ereignis vorstellst, fokussierst Du Energie. Und natürlich fokussierst Du auch Energie, wenn Du etwas beobachtest, das in Deinem *Jetzt* geschieht. Es macht keinen Unterschied, ob Du Dich auf die Vergangenheit, die Gegenwart oder die Zukunft konzentrierst – in jedem Fall fokussierst Du Energie, und dieser Fokus bewirkt, dass Du eine Schwingung ausstrahlst, die dann den Gegenstand Deiner Konzentration in Dein Leben zieht.

Wenn Du Zeit damit verbringst, nachzudenken, Dich zu erinnern oder Dir etwas vorzustellen, wird dadurch eine Schwingung in Dir aktiviert. Wenn Du wieder auf diesen Gedanken zurückkommst, wird diese Schwingung erneut aktiviert. Je öfter Du diesen Gedanken denkst, desto vertrauter wird Dir seine Schwingung und desto leichter ist es für Dich, ihn so zu aktivieren, dass er schließlich zu einem dominanten Schwingungsmuster in Dir wird. Das hat dann zur Folge, dass Dinge, die zu dieser Schwingung passen, vermehrt in Deinem Erfahrungsbereich auftauchen.

Also gibt es zwei wirklich sichere Wege, Deinen momentanen Schwingungszustand zu erkennen: Schaue Dir an, was gegenwärtig in Deinem Leben geschieht (denn das, was sich in Deinem Leben manifestiert, entspricht immer dem, worauf Du Dich konzentrierst); und achte darauf, wie Du Dich fühlst (weil Deine Emotionen Dir anzeigen, welche Schwingungen Du ausstrahlst und welche Erfahrungen Du demnach anziehst).

Du musst Deine Bewusstheit entwickeln, um bewusst schöpferisch sein zu können

Wir finden es wunderbar, wenn Du Dir bewusst wirst, dass zwischen Deinen Gedanken und Gefühlen und dem, was sich in Deinem Leben manifestiert, ein Zusammenhang besteht. Diese Bewusstheit ermöglicht es Dir nämlich, Deine Gedanken bewusst zu modifizieren, um etwas anzuziehen, was noch schöner und angenehmer ist als Deine bisherigen Erfahrungen. Der schönste Aspekt dieses *Bewussten Schöpferischseins* ist aber, dass Du sensibel dafür wirst, wie sich Deine Gedanken anfühlen. Das versetzt Dich in die Lage, einen Gedanken, der sich nicht gut anfühlt, umzuformen zu einem, der sich angenehmer anfühlt, noch bevor sich in Deinem Leben etwas Unangenehmes manifestieren kann. *Solange noch keine physische Manifestation erfolgt ist, ist es viel leichter, die Gedanken in angenehmere Bahnen zu lenken.*

Bei der *Bewussten Schöpfung* geht es darum, dass Du Deine Gedanken bewusst in Bahnen lenkst, die sich angenehm anfühlen. Du wirst spüren, wie befriedigend es ist, bewusst einen sich angenehm anfühlenden Gedanken auszuwählen. Und dann wirst Du mit Freude beobachten, wie daraus zwangsläufig eine sich ebenso angenehm anfühlende Manifestation resultiert. Sogar darin, einen sich nicht so gut anfühlenden Gedanken zu erkennen und dann die nachfolgende nicht so gute Manifestation zu beobachten, liegt eine gewisse Befriedigung: Du lernst auf diese Weise, wie das *Gesetz der Anziehung* funktioniert und dadurch bekommst Du Dein Leben nach und nach besser in den Griff. Solange Du keinen Zusammenhang zwischen deinen Gedanken und Gefühlen und den Manifestationen in Deinem Leben herstellst, kannst Du Deine Lebenserfahrung nicht bewusst steuern.

Es gibt immer äußere Lebensumstände, über die man keine Kontrolle hat

Die Gedankenschwingungen der meisten Menschen bestehen fast ausschließlich aus Reaktionen auf Beobachtetes. Wenn sie etwas Angenehmes beobachten, fühlen sie sich gut. Wenn sie etwas Schreckliches beobachten, fühlen sie sich schrecklich. Sie glauben, keine Kontrolle darüber zu haben, wie sie sich fühlen, weil ihnen klar ist, dass sie keine Kontrolle über die Phänomene haben, die sie beobachten.

Viele Menschen bringen den größten Teil ihres Lebens mit dem Versuch zu, ihre äußeren Lebensumstände zu kontrollieren, weil sie glauben, dass sie sich besser fühlen, wenn sie die Umstände unter Kontrolle haben. Doch wie viel Macht und Kontrolle über das Verhalten anderer sie auch erlangen mögen, es ist niemals genug – denn immer wieder tauchen Situationen und Umstände auf, die sich nicht kontrollieren lassen.

Du hast keine schöpferische Macht über das Leben anderer Menschen, denn sie strahlen ihre eigenen Schwingungen aus und ziehen die dementsprechenden Erfahrungen an, so wie Du die *Deinen* Schwingungen entsprechenden Erfahrungen in Dein Leben ziehst.

Bewusste Schöpfung heißt, Gedanken zu wählen, die sich besser anfühlen

Oft sagen die Leute: »Wenn dieser oder jene Zustand sich verändert, werde ich mich besser fühlen. Wenn ich mehr Geld habe oder in einem schöneren Haus lebe, einen besseren Job oder einen netteren Partner habe, werde ich mich besser fühlen.« Wir stimmen zu, dass es sich besser anfühlt, etwas Schönes zu beobachten als etwas Unschönes, aber letztlich wird dabei das Pferd am Schwanz aufgezäumt.

Bei der *Bewussten Schöpfung* geht es nicht darum, dass Du ein besseres Gefühl ausstrahlst als Reaktion auf einen äußeren Lebensumstand, der sich positiv verändert hat. *Bewusste Schöpfung* heißt, einen Gedanken zu wählen, der sich gut anfühlt, wenn Du ihn auswählst. Dieser sich gut anfühlende Gedanke bewirkt dann eine Veränderung der Lebensumstände. Beispielsweise ist es für die bedingungslose Liebe charakteristisch, Dir die ständige Verbindung mit der Ur-Kraft so sehr zu wünschen, dass du bewusst ausschließlich Gedanken wählst, die diese Verbindung ermöglichen, und zwar völlig ungeachtet dessen, was um Dich herum gerade geschieht. Und wenn Du es schaffst, Deinen Aufmerksamkeits-Fokus zu kontrollieren, indem Du bewusst Gedanken wählst, die sich besser anfühlen, müssen sich zwangsläufig auch Deine Lebensumstände verändern. Gemäß dem *Gesetz der Anziehung* muss es so sein.

Du kannst nur Gedanken anziehen, die Deiner momentanen Schwingungs-Frequenz entsprechen

Manche Leute sagen: »Das mit der Bewussten Schöpfung hört sich ja sehr einfach an. Warum tue ich mich dann damit so schwer? Warum habe ich solche Probleme, meine Gedanken zu kontrollieren? Es kommt mir so vor, als würden meine Gedanken mich beherrschen, und nicht umgekehrt! Ich scheine überhaupt keine Kontrolle über sie zu haben.«

Bedenke stets, dass das *Gesetz der Anziehung* ein sehr machtvolles Gesetz ist. Es bewirkt, dass Du keinen Gedanken finden und festhalten kannst, der stark von Deiner augenblicklichen Schwingungs-Frequenz abweicht. Du hast nur Zugang zu Gedanken, deren Schwingungen irgendwo auf Deiner eigenen gegenwärtigen Schwingungs-Skala liegen.

Ist es Dir nicht auch schon so ergangen, dass Dir ein Musikstück beim ersten Hören sehr gut gefiel, dann jedoch, als Du es später erneut gehört hast, überhaupt nicht mehr? Beim ersten Hören hast Du gelächelt, Dich vielleicht zu der Musik bewegt, doch später, beim erneuten Hören, fandest Du sie ärgerlich und unangenehm. Das, was Du dabei spürst, ist Deine Schwingungs-Harmonie mit der Musik. Mit anderen Worten, wenn Du besser auf Dein wahres Sein eingestimmt bist, vermischt sich die Musik mit diesem guten Gefühl. Bist Du dagegen nicht gut auf Dein wahres Sein eingestimmt, weist Dich die Musik auf den Unterschied zwischen der Schwingung des Wohl-Seins, also Deinem wahren Seinszustand, und der Widerstands-Schwingung hin, die Du gegenwärtig ausstrahlst.

Es gibt Zeiten, da können die Späße und Neckereien Deiner Freunde Dich zu Gedanken führen, die sich besser anfühlen, während zu anderen Zeiten das gleiche Benehmen Deiner Freunde nur bewirkt, dass Du Dich noch schlechter fühlst als vorher. Wie erfolgreich ihre Versuche, Dich aufzuheitern, letztlich sind, hängt überwiegend davon ab, wie weit Du vom Zustand natürlichen Wohl-Seins entfernt bist. Kleine, schrittweise Anhebungen Deines Schwingungs-Niveaus sind jederzeit möglich, große Sprünge hingegen sind schwierig, wenn nicht gar unmöglich.

Die 22 Methoden sollen Dir helfen, Deinen inneren Widerstand abzubauen

Auf den folgenden Seiten findest Du Methoden, die Dir helfen werden, Dein Schwingungs-Niveau nach und nach anzuheben. Wie Dein gegenwärtiger Schwingungszustand beschaffen ist, variiert von Mensch zu Mensch und von Zeit zu Zeit. Du musst also selbst herausfinden – indem Du beobachtest, wie Du Dich bei der Anwendung der Methoden jeweils fühlst –, welche Methoden gegenwärtig für Dich angemessen sind.

Durch die Art und Weise, wie Du wahrnimmst, Dich erinnerst, nachdenkst und diskutierst, hast Du Dir dominante Gedanken oder Überzeugungen erschaffen, die jetzt Deinen Aufmerksamkeits-Fokus beherrschen. Jeder Gedanke, über den Du nachsinnst oder auf den Du Dich konzentrierst, löst eine emotionale Reaktion aus. Auf diese Weise hast Du Dir mit der Zeit bestimmte emotionale Reaktionsmuster angewöhnt, die wir als Deinen *Emotionalen Set-Point* bezeichnen.

Die nachfolgenden Methoden sind von 1 bis 22 durchnummeriert. Je besser Du gegenwärtig auf die Ur-Kraft, Deine Quelle des Wohl-Seins, eingestimmt bist, desto wirkungsvoller wirst Du die weit vorn in der Liste stehenden Methoden finden. Sie werden Dir helfen, Deine bereits gute Einstimmung auf die Ur-Kraft weiter zu verbessern. Je weiter Du gegenwärtig von der Schwingungs-Harmonie mit der Ur-Kraft entfernt bist, desto weiter hinten in der Liste findest Du die für Dich gegenwärtig am besten geeigneten Methoden.

Vielleicht gehörst Du zu den Menschen, deren Einstimmung auf die Ur-Kraft sehr gut ist. Dann wirst Du nur sehr selten, wenn überhaupt, Methoden jenseits von Nummer 12 anwenden. Dennoch könnten besondere Lebensumstände bewirken, dass Dein Schwingungs-Niveau deutlich absinkt. In diesem Fall wirst auch Du von den Methoden mit den höheren »Hausnummern« profitieren.

Wie Du Deinen momentanen *Emotionalen Set-Point* verändern kannst

Oder aber Du zählst zu den Leuten, die sich schon gar nicht mehr erinnern können, wann sie sich das letzte Mal gut gefühlt haben. Aufgrund Deiner von Dir beobachteten Lebensumstände hast Du einen *Set-Point* entwickelt, der Deine Verbindung zum Wohl-Sein völlig blockiert. Dann werden Dir die ersten fünf oder sechs Methoden keine Erleichterung bringen. Und auch mit den Methoden 15 bis 22 wirst Du zunächst nur eine schwache Erleichterung verspüren. Es kommt in diesem Fall aber nicht darauf an, wie gut Du Dich fühlst oder wie schnell Du eine Veränderung spürst – entscheidend ist vielmehr, dass Du überhaupt eine, wenn auch vielleicht nur sehr kleine, Erleichterung empfindest und erkennst, dass Du diese Erleichterung selbst herbeiführen kannst. Sobald Du in der Lage bist, Dir Erleichterung zu verschaffen, gewinnst Du die kreative Kontrolle über Deine Lebenserfahrungen zurück. Dann steht Dir der Weg zur Erfüllung Deiner Herzenswünsche endlich wieder offen!

Denke daran, dass alle hier vorgestellten Methoden den Zweck haben, Deine Schwingungs-Frequenz anzuheben. Anders ausgedrückt: Der Zweck der Methoden ist es, Deinen inneren Widerstand zu reduzieren und Deine gefühlsmäßige Verfassung, also Deinen *Emotionalen Set-Point,* zu verbessern.

Wenn Du eine der Methoden für einige Minuten praktiziert hast und Dich nicht besser fühlst als vorher, solltest Du die Sache abbrechen, und es zunächst mit einer der höher nummerierten Methoden versuchen.

Und vergiss nicht: Die Beschäftigung mit den Methoden soll Freude machen!

Wir bezeichnen die *Methode*n gern auch als *Spiele,* weil eine spielerische Herangehensweise bewirkt, dass Du lockerer bist und nicht so viel inneren Widerstand aufbaust. Betrachtest Du die Methoden dagegen als Werkzeuge, um auf sehr ernste Weise Probleme zu reparieren, bist Du viel verkrampfter. *Der Schlüssel zum Erfolg liegt darin, die Methoden mit spielerischer Leichtigkeit auszuprobieren. Je mehr*

Lockerheit und Leichtigkeit, desto geringer der innere Widerstand.

Nutze die Methoden, um Deinen *Emotionalen Set-Point* zu verbessern, dann wirst Du andere, schönere Erfahrungen in Dein Leben ziehen. Verbesserungen werden sich sofort einstellen – gleich am ersten Tag, an dem Du Dich mit diesen Spielen beschäftigst. Mit etwas Übung kannst Du dann Verbesserungen in sämtlichen Lebensbereichen herbeiführen.

Du bist jetzt in diesem Moment Schöpfer oder Schöpferin Deiner eigenen Realität

Du selbst erschaffst Deine Lebenserfahrungen, ob Du Dir dessen bewusst bist oder nicht. Dein Leben entfaltet sich in präziser Reaktion auf die Schwingungen, die Du als Resultat Deines Denkens wissentlich oder unwissentlich aussendest.

Die Methoden, die wir Dir hier präsentieren, machen Dich zum bewussten Schöpfer Deiner Realität. Die Zeit, in der Du Deine Realität unbewusst hervorbrachtest und Dich ihr ausgeliefert fühltest, ist dann für immer vorbei. Du wirst präzise Kontrolle über jeden Aspekt Deiner Lebenserfahrung erlangen.

Diese Methoden können Dein Leben von Grund auf verändern. Mit großer Liebe und Begeisterung möchten wir sie Dir auf den folgenden Seiten vorstellen. Wir empfinden hier sehr viel Liebe … für Dich, für Euch.

Methode 1

Wertschätzung ausstrahlen

Diese Methode solltest Du anwenden, wenn

- Du bereits gut gelaunt bist und Dich noch besser fühlen möchtest;
- Du jemandem oder etwas besser verstehen möchtest;
- Du Deinen gegenwärtigen Wohlfühl-Set-Point aufrechterhalten möchtest;
- Du Dich körperlich und seelisch noch wohler fühlen möchtest, als es jetzt bereits der Fall ist;
- Du Dich bewusst auf etwas konzentrieren möchtest, das Deinen Set-Point weiter verbessert;
- Du Auto fährst, spazieren gehst oder in einer Schlange warten musst und diese Zeit kreativ und produktiv nutzen möchtest;
- sich in Deiner Umgebung etwas befindet, das in Dir negative Emotionen auslösen könnte, Du aber Deine Schwingung unter positiver Kontrolle halten möchtest;
- Deine Gedanken oder die Worte eines Menschen in Deiner Umgebung sich in eine negative Richtung bewegen und Du positiv gegensteuern möchtest;

- Du bemerkst, dass negative Emotionen in Dir aufsteigen, und Du Deine Gefühle verändern möchtest.

Gegenwärtige emotionale Bandbreite

Von der *Methode 1* wirst Du dann am meisten profitieren, wenn Dein gegenwärtiger Emotionaler Set-Point auf der Skala der Emotionen in folgendem Bereich liegt:

Von
(1), Freude/Wissen/Macht/Freiheit/Liebe/
Wertschätzung
bis
(5), Optimismus

(Wenn Du Dir nicht sicher bist, was Dein gegenwärtiger Emotionaler Set-Point ist, schlage im Anhang nach. Dort findest Du die 22 Stufen der Emotionalen Feedback-Skala.)

Nehmen wir an, Du empfindest momentan Positive Erwartung. Diese Emotion steht in der Skala auf Rang 4 und fällt somit genau in den Bereich, für den Methode 1 empfohlen wird. *Wertschätzung ausstrahlen* ist dann für Dich gegenwärtig eine besonders empfehlenswerte Methode.

Das Spiel *Wertschätzung ausstrahlen* kannst Du überall und jederzeit spielen, denn es besteht einfach nur darin, dass Du positive Gedanken denkst. Die Gedanken aufzuschreiben verstärkt die Wirkung zusätzlich, ist aber nicht zwingend notwendig.

Beginne, indem Du Dir in Deiner unmittelbaren

Umgebung etwas suchst, das Du als angenehm empfindest. Konzentriere Dich auf dieses Objekt und denke darüber nach, wie wundervoll, schön und nützlich es ist. Wenn Du Dich längere Zeit in dieser Weise konzentrierst, werden Deine positiven Gefühle gegenüber diesem Objekt weiter zunehmen.

Achte nun darauf, wie sich Dein Gefühl verbessert hat, und wertschätze, wie Du Dich fühlst. Das Wohlgefühl in Dir sollte jetzt spürbar stärker geworden sein. Wähle in Deiner Umgebung einen weiteren angenehmen Gegenstand aus und lenke positive Aufmerksamkeit auf ihn.

Wähle Objekte aus, bei denen es Dir leicht fällt, ihnen Wertschätzung entgegenzubringen, denn es geht bei dieser Methode nicht darum, problematische Dinge ausfindig zu machen und zu reparieren. Zweck von *Methode 1* ist es, das Aufrechterhalten höherer Schwingungen zu üben. Je länger Du Dich auf Dinge konzentrieren kannst, die sich gut anfühlen, desto leichter wird es Dir fallen, Schwingungsfrequenzen aufrechtzuerhalten, die sich gut anfühlen. Und je länger Du diese Wohlfühl-Frequenzen aufrechterhältst, desto mehr Gedanken, Begebenheiten, Menschen und Dinge, die zu dieser von Dir häufig praktizierten Schwingung passen, wird das *Gesetz der Anziehung* in Deinen Erfahrungsbereich bringen.

Wenn Du Dich mit der vordringlichen Absicht durch Deinen Alltag bewegst, Dinge zu finden, die Du wertschätzen kannst, strahlst Du eine Schwingung geringeren inneren Widerstandes aus. Dadurch stärkst Du Deine Verbindung zur Ur-Kraft.

Da die Schwingung der Wertschätzung die machtvollste Verbindung zwischen Deinem physischen Selbst und Deinem nicht-physischen Selbst ist, wird das häufige Praktizieren dieser Methode bewirken, dass Du noch deutlichere Führungsimpulse aus Deinem Inneren Sein empfängst.

Je öfter Du Wertschätzung praktizierst, desto weniger Widerstand wirst Du ausstrahlen. Und je weniger Widerstand in Dir ist, desto besser wird Dein Leben sein. Häufiges Üben der *Methode 1* hilft Dir dabei, Dich damit vertraut zu machen, wie sich höhere Schwingungen anfühlen. Wenn es Dir dann doch einmal passiert, dass Du in alte Gewohnheiten zurückfällst, die in Deinem Schwingungsmuster Widerstand erzeugen, wirst Du das rechtzeitig bemerken, ehe diese Schwingungen zu stark werden.

Je öfter du etwas findest, das Du wertschätzt, desto besser wirst Du dich fühlen. Je besser diese Wertschätzungs-Übung sich anfühlt, desto lieber wirst Du sie praktizieren. Je öfter Du sie praktizierst, desto besser fühlt sie sich an und desto besser fühlst Du Dich …

Das *Gesetz der Anziehung* wird die machtvolle Triebkraft dieser positiven Gedanken und Gefühle unterstützen, sodass Du selbst nur wenig Zeit und Mühe aufwenden musst. Schon bald wirst Du eine solche Verbundenheit mit Deinem wahren Sein erleben, dass Dir vor Freude das Herz aufgeht.

Und in dieser sich wunderbar anfühlenden Schwingung, in der kein Widerstand existiert, wirst Du Dich in einem gesteigerten Zustand der Offenheit befinden. Du bist dann in einem Schwingungszustand, in dem die Dinge, die Du Dir wünschst, ganz leicht und mühelos in Dein Leben strömen können. Je besser es wird, desto besser wird es!

Wenn Deine Schwingung schon nahe genug an diese höheren Schwingungen heranreicht, wirst Du

Dich mit dieser Methode sehr rasch zu wunderbaren Ebenen des Wohlgefühls emporschwingen können. Praktiziere *Wertschätzung ausstrahlen,* sooft Du Zeit dafür hast und solange es sich gut anfühlt.

Wenn Du Dich bei diesem Spiel dagegen nicht gut fühlst, wenn sich kein inspirierender Strom glücklicher Gedanken einstellen will – die Methode also in Dir Widerstand und negative Empfindungen hervorruft –, solltest Du sie zurückstellen und Dich erst einmal den höher nummerierten Methoden zuwenden.

Selbst wenn Du keine Ahnung vom Gesetz der Anziehung hättest und von Deiner Verbindung zur Ur-Kraft, würde diese Methode es Dir doch ermöglichen, die *Kunst des Sich-Öffnens* zu praktizieren, ohne etwas über die Hintergründe zu wissen. Alles, was Du Dir wünschst, würde dann trotzdem beginnen, frei in Dein Leben zu fließen. Wenn Du Wertschätzung praktizierst, gibt es in Deiner Schwingung keinen Widerstand mehr. Und der von Dir selbst hervorgebrachte Widerstand ist das einzige, was Dich daran hindert, alle Deine Wünsche zu verwirklichen.

Durch das Praktizieren der Methode 1, *Wertschätzung ausstrahlen,* lernst Du, Deine Schwingungsfrequenz so einzustellen, dass das, was Du Dir wünschst, leicht und problemlos in Deinen Erfahrungsbereich gelangen kann. Schon immer hast Du im Alltag Wünsche und Bitten geäußert, und die Ur-Kraft hat geantwortet. Sie antwortet immer, ohne Ausnahme. Wenn Du eine Haltung der Wertschätzung einnimmst, versetzt Dich das in die Lage, das Gewünschte zu empfangen. Weil Du Dich innerlich öffnest, kann es zu Dir gelangen. Das ist die letzte Stufe beim Prozess des *bewussten Erschaffens:* Du lässt es zu, öffnest Dich dafür, dass Deine Wünsche von der Ur-Kraft erfüllt werden.

Anfangs ist es gut, täglich 10 bis 15 Minuten für das Üben dieser Methode einzuplanen. Wenn Du die Vorzüge dieser Methode, das bewusste Anheben der eigenen Schwingungsfrequenz, ein paar Tage genossen hast, wirst Du immer mehr dazu übergehen, die Methode den ganzen Tag über anzuwenden, ein paar Sekunden hier, ein paar Sekunden dort, in vielen Alltagssituationen, und zwar einfach, weil es sich so gut anfühlt.

Zum Beispiel kannst Du, während Du vor dem Postschalter in der Schlange stehst, denken:

Das ist ein sehr schönes Gebäude.
Ich finde es prima, dass sie es so sauber halten.
Ich bin froh, dass die Frau am Schalter so freundlich ist.
Ich mag es, wie liebevoll diese Mutter dort mit ihrem Kind umgeht.
Das ist eine wirklich hübsche Jacke.
Mein Tag läuft wirklich gut.

Auf der Fahrt zur Arbeit denkst Du vielleicht:

Ich liebe mein Auto.
Diese neue Schnellstraße ist wunderbar.
Obwohl es regnet, komme ich gut voran.
Ich finde es toll, dass mein Auto so zuverlässig ist.
Ich bin dankbar, einen guten Job zu haben.

Du kannst Dich auch spezifischer auf das Objekt Deiner Wertschätzung konzentrieren und so noch mehr Gründe entdecken, Wertschätzung zu empfinden. Zum Beispiel:

Das ist ein wirklich schönes Gebäude ...

Es gibt hier viel mehr Parkplätze als an dem alten Postgebäude.
Es gibt mehr Schalter, und so muss man nicht mehr so lange warten.
Die großen Fenster lassen diesen Raum heller und luftiger wirken.

Diese neue Schnellstraße ist wunderbar ...

Jetzt muss ich mich nicht mehr von Ampel zu Ampel quälen.
Die Fahrt zur Arbeit geht jetzt viel schneller als früher.
Ich komme dabei durch eine wirklich schöne Landschaft.

Wenn Du es Dir zur Gewohnheit machst, nach Dingen Ausschau zu halten, die Du wertschätzen kannst, wirst Du feststellen, dass Dein Alltag sich immer mehr mit solchen Dingen *füllt*. Deine Gedanken und Gefühle der Wertschätzung werden ganz leicht und natürlich in Deine Umgebung ausstrahlen. Und oft, während Du gerade aufrichtige Wertschätzung für jemanden oder etwas empfindest, wirst Du ein erregendes Prickeln auf der Haut spüren – dieses Prickeln ist eine Bestätigung, dass Du Dich optimal auf die Ur-Kraft eingestellt hast und die Energie ungehindert fließt.

Abraham, verrate uns noch mehr darüber, wie man auf richtige Weise Wertschätzung ausstrahlt

Jedes Mal, wenn Du etwas wertschätzt, jedes Mal, wenn Du etwas lobst und als gut empfindest, sagst Du damit dem Universum »Bitte, mehr davon!« Und darum werden alle guten Dinge reichlich in Dein Leben strömen, wenn Du überwiegend eine solche positive, wertschätzende Haltung einnimmst.

Oft werden wir gefragt: *Ist Liebe nicht ein besseres Wort als Wertschätzung? Ist Liebe nicht die treffendere Bezeichnung für die nicht-physische Energie?* Darauf antworten wir, dass *Liebe* und *Wertschätzung* eigentlich ein und dasselbe sind. Manche sprechen auch von *Dankbarkeit*, aber alle diese Worte beschreiben das Gleiche: Wohl-Sein.

Der Wunsch, Dinge wertzuschätzen, ist ein sehr guter erster Schritt, und wenn Du dann immer mehr Dinge findest, für die Du »danke« sagen kannst, gewinnt die Sache rasch an Schwung. Wenn Du Dir wünschst, Wertschätzung zu empfinden, wirst Du etwas zu Dir *heranziehen*, das Du wertschätzen kannst. Und wenn Du dieses Etwas wertschätzt, wirst Du dadurch wiederum etwas anderes anziehen, das Du ebenfalls wertschätzen wirst, und so wirst Du schon bald regelrecht in einem wahren Strom guter Dinge baden.

Du kannst die Gefühle anderer Menschen nicht steuern

In Deinem Alltag werden Dir immer wieder unglückliche Menschen begegnen, die schlecht gelaunt oder enttäuscht sind oder unter Schmerzen leiden. Da sie ihre negativen Emotionen auf Dich ausstrahlen, könnte es Dir schwerfallen, ihnen Wertschätzung entgegenzubringen. Dann machst Du Dir vielleicht Vorwürfe, dass Du nicht stark genug bist, sie trotz ihrer negativen Ausstrahlung wertzuschätzen. Nun, wir sind keinesfalls der Ansicht, dass Du Dich gut fühlen musst, während Du mit etwas konfrontiert bist, das Du als nicht wünschenswert betrachtest. Halte stattdessen nach Dingen (und Personen) Ausschau, die in Dir angenehme Gefühle hervorrufen. Dann wird das *Gesetz der Anziehung* immer mehr dieser positiven Erfahrungen in Dein Leben bringen.

Wenn Du bewusst nach Dingen Ausschau hältst, die Du wertschätzen kannst, hast Du die volle Kontrolle über Deine eigenen Schwingungen, aber wenn Du darauf reagierst, welche Gefühle andere Menschen Dir entgegenbringen, hast Du keine Kontrolle. Wenn Du Dich dagegen mehr dafür interessierst, wie *Du selbst* Dich fühlst, statt dafür, was andere Dir gegenüber empfinden, hast Du die Kontrolle. Das heißt, Du kannst Deine Erfahrungen bewusst steuern. Du weißt nicht, welche Laus dem anderen über die Leber gelaufen ist, ob seine Frau ihn verlassen hat oder sein Bankkonto im Minus ist. Du weißt nicht wirklich, was im Leben einer anderen Person gerade vorgeht, und daher weißt Du auch nicht, warum diese Person auf Dich so reagiert, wie sie es tut – Du hast darüber keinerlei Kontrolle.

Hast Du einmal die Entscheidung getroffen, dass es nichts Wichtigeres für Dich gibt als Dich gut zu fühlen und dass Du bewusst nach Dingen Ausschau halten wirst, die Du hier und jetzt wertschätzen kannst, wird dieses angenehme Gefühl der Wertschätzung im Zentrum Deiner Aufmerksamkeit stehen. Damit schließt sich ein Energiekreislauf zwischen Dir und dem Objekt Deiner Wertschätzung, auf den das Gesetz der Anziehung augenblicklich reagiert. Nach kurzer Zeit werden dann immer mehr Personen, Dinge und Erfahrungen auftauchen, die Du wertschätzen und als wohltuend empfinden wirst.

Wenn Du Wertschätzung empfindest, kannst Du nicht gleichzeitig eine innere Abwehrhaltung einnehmen

Du musst begreifen, dass Deine Erfahrung nur von einem einzigen Faktor beeinflusst wird: der Stärke Deines Energieflusses. Wenn Du denkst, dass der Zufall, Glück, das Schicksal, Statistiken oder das Gesetz des Durchschnitts eine Rolle spielen, dann wirst Du Dich verwundbar fühlen. Wenn Du beispielsweise im Radio hörst, dass ein entflohener Mörder sich in Deiner Nachbarschaft herumtreibt und aus dem Auto wahllos auf Passanten schießt, wirst Du Dich fürchten, weil Du denkst, dein Glück und Wohl-Sein hinge von seinem Verhalten ab. Wenn Du glaubst, dass Dein Wohl-Sein von seinem Verhalten abhängt und Du Dir andererseits bewusst bist, dass Du keine Kontrolle über sein Verhalten hast, ja noch nicht einmal weißt, wo genau er sich gerade aufhält, wirst Du Dich extrem verletzlich fühlen und verlangen, dass ganze Polizei-Hundertschaften zu Deinem Schutz ausschwärmen.

Wir möchten, dass Du ein Gefühl dafür entwickelst, wie gut es ist, bewusste Verbindung zur nicht-physischen Energie aufzunehmen, und *Wertschätzung* ist der leichteste und schnellste Weg, diese Verbindung herzustellen. Wenn Dein Wunsch, Verbindung mit der nicht-physischen Energie aufzunehmen, stark genug ist, wirst Du Dutzende Möglichkeiten finden, Deine Wertschätzung in jeder Stunde des Tages zu verströmen.

Allerdings musst Du Dir immer wieder ins Gedächtnis rufen, dass es überhaupt keine Rolle spielt, ob und wie die anderen Menschen Dir Energie zurücksenden, weil Du damit in die Defensive gerätst – und Du kannst nicht defensiv sein und gleichzeitig Wertschätzung ausstrahlen. Wenn Du Dich auf Wertschätzung konzentrierst, wirst auch Du selbst wertgeschätzt werden. Strebe aber nicht nach der Wertschätzung anderer, sondern sei selbst von diesem Gefühl durchströmt.

Wenn Du im Alltag auf etwas triffst, das Du *nicht* willst, wird Dir dadurch klarer bewusst, was Du wirklich willst. Durch das Praktizieren der Methode *Wertschätzung ausstrahlen* wird es Dir mit Leichtigkeit gelingen, Deine Aufmerksamkeit von dem abzuziehen, was Du nicht willst, und Dich stattdessen auf das zu konzentrieren, was Du willst. Damit wirst Du zu dem bewussten Schöpfer, als der Du gemeint bist.

Im Leben geht es nicht um die Zukunft, sondern um das Hier und Jetzt. Im Leben geht es darum, wie Du die Energie in der Gegenwart formst und gestaltest!

Methode 2

Die magische Schöpfungskiste

Diese Methode solltest Du anwenden, wenn

- Du in der Stimmung für eine angenehme Aktivität bist, die die Energie, die Welten erschafft, in eine von Dir bevorzugte Richtung konzentrieren wird;
- Du dem Universalen Manager genauere Informationen darüber geben möchtest, was Dir wirklich Freude macht.

Gegenwärtige emotionale Bandbreite

Von der *Methode 2* wirst Du dann am meisten profitieren, wenn Dein gegenwärtiger Emotionaler Set-Point auf der Skala der Emotionen in folgendem Bereich liegt:

Von
(1), Freude/Wissen/Macht/Freiheit/Liebe/
Wertschätzung
bis
(5), Optimismus

(Wenn Du Dir nicht sicher bist, was Dein gegenwärtiger Emotionaler Set-Point ist, schlage im Anhang nach. Dort findest Du die 22 Stufen der Emotionalen Feedback-Skala.)

Suche Dir eine hübsche Kiste. Auf den Deckel schreibst Du gut sichtbar: *Alles, was diese Kiste enthält – IST!*

Blättere nun Zeitschriften, Kataloge und Werbebroschüren durch und suche Dir alles aus, was Du Dir als Teil Deiner Erfahrung wünschst. Schneide Bilder aus, die als Beispiele für alle Deine Wünsche dienen: Bilder von Möbeln, Kleidung, Landschaften, Gebäuden, Reisezielen, Fahrzeugen; Bilder, auf denen erstrebenswerte physische Eigenschaften dargestellt sind; Fotos von Menschen, die von Dir als wünschenswert betrachteten Aktivitäten nachgehen. Schneide alles aus, was Dir gefällt, und wirf es in die *Schöpfungskiste*. Und jedes Mal, wenn Du etwas hineinwirfst, sagst Du: »Alles, was diese Kiste enthält – IST!«

Sammle, auch wenn Du unterwegs bist, weitere Bilder für Deine Kiste und wirf sie hinein, wenn Du zurückkehrst. Wenn Du etwas beobachtest, das Du selbst gern erleben möchtest, schreibe Deine Beobachtung auf einen Zettel und wirf diesen in Deine Kiste.

Je mehr Dinge Du für Deine Kiste findest, desto mehr wird das Universum Dir Ideen präsentieren, die dazu passen. Und je mehr Ideen Du in Deiner Kiste sammelst, desto gebündelter und konzentrierter werden Deine Wünsche sich entwickeln, und umso lebendiger wirst Du Dich dadurch fühlen – denn die Energie, die Dich dabei durchströmt, ist das, was das Leben wirklich ausmacht.

Wenn Du nur wenig oder gar keinen inneren Widerstand erzeugst – mit anderen Worten, wenn Du nicht daran zweifelst, dass Deine Wünsche in Erfüllung gehen –, wird die Beschäftigung mit der Schöpfungskiste dich beleben und inspirieren. Je mehr Du sammelst und ausschneidest, desto besser wirst Du Dich fühlen, und schon bald erlebst Du, wie immer mehr Deiner Wünsche sich in Deinem Leben manifestieren. Türen werden sich öffnen, und durch sie werden alle diese wünschenswerten Dinge zu Dir gelangen.

Die Methode wird Dir helfen, Deine Wünsche zu fokussieren und bewusst zu verstärken. Nun, wo Du keinen Widerstand mehr erzeugst, werden die Dinge sich rasch entfalten und verwirklichen.

Angenommen, Du bist ein Mensch, der sich normalerweise gut fühlt und keine starke Tendenz hat, sich unglücklich zu fühlen, weil er die Dinge in der Schöpfungskiste noch nicht besitzt. Dann wirst Du sofort positive Resultate erzielen und Dich fokussierter und inspirierter fühlen. Die Dinge, die Du in Deiner magischen Schöpfungskiste gesammelt hast, werden sich nach kurzer Zeit in Deinem Leben manifestieren. Mit anderen Worten, jemand, der sich keinen Widerstand antrainiert hat, findet in der *Methode* 2 alles Erforderliche, um sich ein wunderbares Leben zu erschaffen: Du bittest – die Ur-Kraft antwortet; Du bist innerlich offen, leistest keinen Widerstand und nimmst die Gaben an. *Du wünschst, und Du bekommst.*

Wenn Dir diese Methode Freude macht, wird sie Dir ausgezeichnete Dienste leisten. Sie hilft Dir dabei, Dich auf Dinge zu konzentrieren, die Du Dir wünschst, und Du übst Dich darin, eine positive

Schwingung aufrechtzuerhalten, die sich im Einklang mit Deinen Wünschen befindet. So erlebst Du, was *Bewusste Schöpfung* ist. Und, was besonders wichtig ist: Deine angenehmen Gefühle zeigen Dir an, dass Du empfangsbereit für die guten Dinge des Lebens bist. Deine Schwingungsfrequenz ermöglicht es, dass alles, worum Du bittest, ungehindert in Deinen Erfahrungsbereich gelangen kann. Du praktizierst die *Kunst des Sich-Öffnens*.

Abraham, verrate uns noch mehr über die *magische Schöpfungskiste*

Stelle Dir vor, Du sitzt in Deinem Sessel und daneben steht eine Kiste, eine ziemlich große Kiste. Und Du weißt, dass Du der Schöpfer bist, und die Kiste ist Deine Schöpfung. Sie ist sozusagen Deine Welt. Du bist wie ein Riese, der in einem gewaltigen Sessel sitzt. Du hast die Fähigkeit, Deine Hand in jeden Winkel dieses physischen Universums auszustrecken und nach allem zu greifen, was Du in Deine Kiste legen möchtest.

Also nimmst Du Dir ein schönes Haus und stellst es in eine Stadt, die Dir gefällt. Du verhilfst Dir zu einem angemessenen Einkommen für Dich und, wenn Du nicht allein lebst, Deinen Partner oder Deine Familie. Du beschaffst alle Dinge, die Dir Freude machen – die schönen Dinge, die Du hier und dort findest, Gefühle der Inspiration und des sinnlichen Genusses und alle Dinge, die Du Dir wünschst – und legst das alles in Deine *Schöpfungskiste*.

Natürlich kannst Du dieses Spiel auch in Deiner Phantasie spielen. Doch viel mehr Spaß macht es, wenn Du tatsächlich eine Kiste nimmst und Dinge hineinwirfst, die Deine Wünsche repräsentieren. Du wirst schnell die Erfahrung machen, dass das Universum Dir unverzüglich alles beschafft, wenn bei Dir kein gedankliches Muster für Widerstand besteht. Bei Dingen, die in einem Zusammenhang stehen, für den Du Widerstandsmuster aufgebaut hast, wird die Manifestation mehr Zeit brauchen.

Wenn Du visualisierst, hast Du die völlige schöpferische Kontrolle

Es mag sein, dass diese Methode Dir seltsam vorkommt, aber sie ist überaus wirkungsvoll, denn sie hilft Dir, Deine Visualisierungsfähigkeit zu schulen. Die meisten Menschen strahlen ihre Schwingungen als Reaktionen auf das aus, was sie beobachten, aber dabei findet keinerlei schöpferische Kontrolle oder Steuerung statt. Schöpferische Kontrolle erlangst Du nur, wenn Du *bewusst* einen Gedanken wählst und ausstrahlst – und wenn Du ihn visualisierst, hast Du die völlige Kontrolle.

An einem Tag, als Esther mit Jerry von New York zurück nach San Antonio flog, spielte sie morgens vor dem Abflug das *Schöpfungskisten*-Spiel. Während sie den Koffer packte und sich auf die Fahrt zum Flughafen vorbereitete, visualisierte sie in Gedanken, wie sie Dinge in ihre Kiste warf – zum Beispiel herrliches Wetter und klare Sicht (sie liebt es, wenn sie nach dem Start vom Flughafen LaGuardia den Blick auf die Umgebung genießen kann). *So ein schöner Ort, so viele Brücken, das glitzernde Wasser, all die majestätischen Gebäude.* Sie dachte an freundliche

Stewardessen, gut gelaunte Passagiere und viel Freude während der gesamten Reise. Und dann dachte sie: *Ich hoffe, dass wegen dieser Versammlung bei den Vereinten Nationen nicht alle Schnellstraßen verstopft sind.* Doch sie korrigierte sich sofort: »Nein, diesen Gedanken will ich aber nun wirklich nicht in meiner Schöpfungskiste haben!«

Wenn Du damit beginnst, gezielt Dinge für Deine *Schöpfungskiste* auszuwählen, wirst Du viel bewusster wahrnehmen, wenn Du an etwas denkst, dass Du nicht erleben möchtest. Durch Deinen Umgang mit dieser *Schöpfungskiste* wirst Du erkennen, wie mächtig Deine Gedanken sind.

Ein weiteres Beispiel: Jerry und Esther waren auf der Suche nach einem orientalischen Teppich für ihr Haus. Während eines Fluges riss Esther aus einer Zeitschrift alle möglichen Abbildungen von Dingen heraus, die sie in ihre *Schöpfungskiste* werfen wollte, unter anderem auch das Foto eines wunderschönen Teppichs. Als die beiden bald darauf zu Haus eintrafen, mussten sie eine Menge Post sichten. Plötzlich zog Esther die Werbepostkarte eines neuen Teppichhändlers in San Antonio aus dem Stapel – und auf dieser Karte war tatsächlich genau der gleiche Teppich abgebildet! »Sieh nur, wie schnell diese Methode funktioniert!«, rief sie aus. Das Foto des Teppichs hatte sich keine 24 Stunden in ihrer *Schöpfungskiste* befunden, und schon präsentierte ihr das Universum eine leichte, schnelle Möglichkeit, sich den gewünschten Teppich zu beschaffen.

Wir möchten, dass auch Du entdeckst, wie viel Spaß diese Methode macht. Wenn einer Deiner Wünsche in Erfüllung geht, währt die Freude darüber oft nur kurz. Aber dieses Spiel gibt Dir die Möglichkeit, die Vorfreude auf die Dinge, die Du Dir wünschst, länger zu genießen. Und dann wird das erregende Erlebnis der Manifestation, auch wenn es nur von kurzer Dauer ist, umso reicher und intensiver sein.

Hast Du einmal mit dieser Methode begonnen, wirst Du sprachlos sein, mit welcher Effektivität und Effizienz sich das riesige Team der dienstbaren kosmischen Geister um die Erfüllung Deiner in Form von Schwingungen ausgestrahlten Bitten kümmert. Wenn Du bittest, wird Dir gegeben, und wenn Du mit der *Schöpfungskiste* spielst, wirst Du lernen, diese guten Gaben bereitwillig anzunehmen.

Methode 3

Die Kreativ-Werkstatt

Diese Methode solltest Du anwenden, wenn

- Du Dich auf das konzentrieren möchtest, was Dir persönlich am wichtigsten ist;
- Du die wichtigsten Bereiche Deines Lebens bewusster und selbstbestimmter gestalten möchtest
- Du Dich innerlich weiter öffnen möchtest, damit noch mehr wunderbare Dinge in Dein Leben strömen können;
- Du einen positiven Aufmerksamkeits-Fokus so lange einüben möchtest, bis er Dir zur festen Gewohnheit geworden ist.

Gegenwärtige emotionale Bandbreite

Von der *Methode 3* wirst Du dann am meisten profitieren, wenn Dein gegenwärtiger Emotionaler Set-Point auf der Skala der Emotionen in folgendem Bereich liegt:

Von
(1), Freude/Wissen/Macht/Freiheit/Liebe/
Wertschätzung
bis
(5), Optimismus

(Wenn Du Dir nicht sicher bist, was Dein gegenwärtiger Emotionaler Set-Point ist, schlage im Anhang nach. Dort findest Du die 22 Stufen der Emotionalen Feedback-Skala.)

Wie die meisten anderen in diesem Buch vorgestellten Methoden ist auch diese am wirkungsvollsten, wenn Du sie schriftlich durchführst. Aber es kann auch wertvoll sein, das Spiel in Gedanken zu spielen, während Du Auto fährst oder spazieren gehst. Oder bei jeder anderen Gelegenheit, wenn Du ein paar ungestörte Minuten für Dich allein abzweigen kannst.

Beginne mit der *Kreativ-Werkstatt,* indem Du vier Blatt Papier bereitlegst. Schreibe oben auf die Blätter je eine der folgenden Überschriften oder Kategorien: *Mein Körper. Mein Zuhause. Meine Beziehungen. Meine Arbeit.*

Widme Dich zunächst dem ersten Blatt *(Mein Körper)* und schreibe unter die Überschrift: *Das ist es, was ich mir im Hinblick auf meinen Körper wünsche.* Lass das Erstellen dieser Liste nicht in harte Arbeit ausarten. Wenn Dir momentan nichts einfallen will, nimm Dir erst einmal die nächste Kategorie vor.

Erstelle eine kurze Liste Deiner Wünsche bezüglich Deines Körpers, die Dir mühelos und spontan in den Sinn kommen. Zum Beispiel:

Ich möchte zu meinem idealen Körpergewicht zurückkehren.
Ich möchte einen tollen Haarschnitt.
Ich möchte mir etwas Schönes zum Anziehen kaufen.
Ich möchte mich stark und fit fühlen.

Gehe nun die einzelnen Wünsche noch einmal durch und schreibe jeweils auf, *warum* Du Dir das wünschst. Zum Beispiel:

Ich möchte zu meinem idealen Körpergewicht zurückkehren, …

… weil ich mich mit diesem Gewicht am wohlsten fühle.
… weil mir meine Lieblingskleider wieder passen werden.
… weil ich dann schicke, modische Kleidung tragen kann.

Ich möchte einen tollen Haarschnitt, …

… weil ich gut aussehen möchte.
… weil meine Haare dann leichter in Form zu halten sind.
… weil es dann schneller geht, mich morgens schön zu machen.

Ich möchte mir etwas Schönes zum Anziehen kaufen, …

… weil ich mich dann einfach wohler fühle.
… weil ich gern gut aussehe.

... weil ich es mag, wenn die Menschen positiv auf mich reagieren.

Ich möchte mich stark und fit fühlen, ...

... weil ich körperliche Kraft und Ausdauer mag.
... weil ich es toll finde, genug Energie zu haben, um alles tun zu können, was ich gern tun möchte.
... weil es sich einfach gut anfühlt, sich gut zu fühlen!

Die *Kreativ-Werkstatt* hilft Dir, Dich auf jene Lebensbereiche zu konzentrieren, die für Dich am wichtigsten sind. Wenn du die vier grundlegenden Bereiche Deines Lebens identifiziert hast, findet eine Bündelung der Energie statt. Wenn Du dann jeweils spezifischere Wünsche benennst, aktivierst Du die Energie in diesen Lebensbereichen noch stärker. Und wenn Du darüber nachdenkst, *warum* Du Dir diese Dinge wünschst, reduzierst Du damit normalerweise Deinen inneren Widerstand und verleihst den Gedanken gleichzeitig mehr Klarheit und Kraft. Wenn Du Dir klar wirst, *warum* Du Dir etwas wünschst, wird das *Was* dadurch in seiner Essenz klarer definiert. Das Universum liefert Dir immer die schwingungsmäßige Essenz Deines Wunsches.

Wenn Du darüber nachdenkst, *warum* Du Dir etwas wünschst, verminderst Du damit meistens Deinen inneren Widerstand. Doch wenn Du überlegst, *wann* der Wunsch in Erfüllung geht, *wie* das geschehen wird und *wer* Dir dabei hilft, erhöhst Du damit den Widerstand, vor allem wenn Du die Antworten auf diese Fragen noch nicht kennst.

Nimm Dir nun die anderen drei Kategorien vor: *Mein Zuhause. Meine Beziehungen. Meine Arbeit.*

Erstelle eine kurze Liste von Dingen, die Du Dir, jetzt im Moment, für Dein Zuhause wünschst. Zum Beispiel:

Ich möchte mir ein paar wirklich schöne Möbel kaufen.
Ich möchte zu Hause aufräumen und mehr Ordnung schaffen.
Ich möchte ein Ausziehregal für meine Pfannen und Töpfe.
Ich möchte mein Badezimmer neu kacheln.

Schreibe nun auf, warum Du Dir diese Dinge wünschst.

Ich möchte mir ein paar wirklich schöne Möbel kaufen, ...

... weil es Spaß macht, für Abwechslung in den eigenen vier Wänden zu sorgen.
... weil ich gern Gäste einlade und möchte, dass sie sich bei mir wohlfühlen.
... weil sie mir helfen, Ordnung zu schaffen.
... weil schöne Möbel eine solche Bereicherung für die häusliche Atmosphäre sind.

Ich möchte zu Hause aufräumen und mehr Ordnung schaffen, ...

... weil ich mich einfach wohler fühle, wenn alles schön aufgeräumt ist.

... weil ich dann effektiver und konzentrierter arbeiten kann.
... weil wir in der Familie besser miteinander auskommen, wenn alles an seinem Platz ist.

Ich möchte ein Ausziehregal für meine Pfannen und Töpfe, ...

... weil ich dann schneller finde, was ich brauche.
... weil ich so mehr Freude am Kochen habe.
... damit ich sie Platz sparend verstauen kann, wenn sie nicht gebraucht werden.
... weil die Atmosphäre in der Küche so viel schöner ist.

Ich möchte mein Badezimmer neu kacheln, ...

... weil dadurch die Atmosphäre darin viel schöner wird.
... weil der Wert meines Hauses dadurch steigt.
... weil Kacheln sich leichter sauber halten lassen.
... weil schöne Kacheln eine Wohltat fürs Auge sind.

Erstelle eine kurze Liste von Dingen, die Du Dir, jetzt im Moment, für eine Deiner zwischenmenschlichen Beziehungen wünschst. (Wähle die Beziehung aus, die Dir zurzeit am wichtigsten erscheint.)

Ich möchte, dass wir mehr Zeit zusammen verbringen.
Ich möchte, dass wir wieder mehr Spaß zusammen haben.
Ich möchte, dass wir häufiger gemeinsam essen gehen.

Ich möchte mich öfter entspannen und Zeit für gemeinsame Erholung haben.

Ich möchte, dass wir mehr Zeit zusammen verbringen, ...

... weil ich zu Hochform auflaufe, wenn wir uns sehen.
... weil es keinen Menschen gibt, mit dem ich lieber zusammen bin.
... weil es so viel gibt, worüber wir reden können.
... weil ich diesen Menschen so gern habe.

Ich möchte, dass wir wieder mehr Spaß zusammen haben, ...

... weil wir das aneinander so mögen.
... weil ich gern lache.
... weil ich es liebe, Dinge zu tun, die Freude machen.
... weil es ein gutes Gefühl ist, sich gemeinsam einen schönen Tag zu machen.

Ich möchte, dass wir häufiger gemeinsam essen gehen, ...

... weil mich das an unsere erste Begegnung erinnert.
... weil ich es mag, mich in einem guten Restaurant verwöhnen zu lassen.
... weil ich es liebe, mich in angenehmer Umgebung entspannen und dabei ganz auf meinen Partner/meine Partnerin konzentrieren zu können.
... weil es so viele Gourmet-Köstlichkeiten zu entdecken gibt.

Ich möchte mich öfter entspannen und Zeit für gemeinsame Erholung haben, …

… weil wir beide ziemlich verspielte Naturen sind.
… weil ich es mag, einfach nur entspannt beisammen zu sein und die Zeit zu genießen.
… weil wir dabei beide die besten Ideen haben.
… weil unsere Beziehung dadurch reicher und erfüllter wird.

Erstelle eine kurze Liste von Dingen, die Du Dir, jetzt im Moment, im Hinblick auf Deine Arbeit wünschst.

Ich möchte mehr Geld verdienen.
Ich möchte, dass meine Arbeit spannend ist und Freude macht.
Ich wünsche mir angenehme Kollegen und Vorgesetzte.
Ich möchte das Gefühl haben, etwas Sinnvolles zu tun.

Ich möchte mehr Geld verdienen, …

… weil ich mir ein neues Auto kaufen möchte.
… weil ich stolz bin auf das, was ich beruflich leiste.
… weil es so viele interessante Reiseziele und faszinierende Hobbys gibt.
… weil es ein gutes Gefühl ist, immer pünktlich alle Rechnungen bezahlen zu können.

Ich möchte, dass meine Arbeit spannend ist und Freude macht, …

... weil die Arbeit einen großen Teil meiner Zeit beansprucht und es deshalb wichtig ist, dabei glücklich zu sein.
... weil es sich gut anfühlt, etwas wirklich Interessantes zu tun.
... weil der Tag wie im Flug vergeht, wenn ich mit Begeisterung bei der Sache bin.
... weil es sich gut anfühlt, sich gut zu fühlen.

Ich wünsche mir angenehme Kollegen und Vorgesetzte, ...

... weil sie ein wichtiger Teil meines Lebens sind.
... weil wir einander viel geben können.
... weil fruchtbare berufliche Zusammenarbeit für alle sehr wertvoll ist.
... weil ich andere gerne inspiriere.

Ich möchte das Gefühl haben, etwas Sinnvolles zu tun, ...

... weil ich Gutes in der Welt bewirken möchte.
... weil ich mich gern für positive Ziele einsetze.
... weil ich mir eine Arbeit wünsche, auf die ich mich jeden Tag freue.
... weil ich meine kreativen Fähigkeiten in meine Tätigkeit einbringen möchte.

Diese Methode wird Dir helfen, Energie in die vier wichtigsten Bereiche Deiner persönlichen Lebenserfahrung zu lenken. Wir empfehlen, dieses Spiel für ungefähr einen Monat einmal pro Woche zu machen, und danach einmal monatlich.

Versuche nicht, *alles* aufzuschreiben, was Du Dir

für den jeweiligen Bereich wünschst. Schreibe nur auf, was Dir ganz unmittelbar in den Sinn kommt.

Diese ganz einfache, leicht durchführbare Methode wird die Dinge, die Dir am meisten bedeuten, auf gute Weise mit Energie aufladen. Du wirst schnell feststellen, wie diesbezügliche Aktivitäten und positive Ereignisse zunehmen.

Abraham, verrate uns noch mehr über die *Kreativ-Werkstatt*

Wie ein Magnet ziehst Du Gedanken, Menschen, Ereignisse, Lebensstile an – alles, was Du selbst mit Leben erfüllst. Wenn Du die Dinge siehst, wie sie sind, ziehst Du mehr vom immer Gleichen in Dein Leben. Siehst Du die Dinge dagegen, wie Du sie gern hättest, dann ziehst Du sie so in Dein Leben, wie Du sie gern hättest. Darum werden die Dinge immer besser, je besser sie werden – und umso schlimmer, je schlimmer sie werden. Die Menschen neigen dazu, ihre Aufmerksamkeit vor allem auf das zu lenken, was ist.

Die *Kreativ-Werkstatt* hilft Dir, selbst zu wählen, was für eine Art von Magnet Du sein möchtest. Dann bist du nicht länger Subjekt dessen, was andere glauben, wollen und sehen, denn Du wirst zum machtvollen *Bewussten Schöpfer* Deiner selbst und Deiner Erfahrungen.

Willkommen auf dem Planeten Erde!

Hätten wir an Deinem ersten Tag auf Erden mit Dir sprechen können, hätten wir zu Dir gesagt: *Willkommen auf dem Planeten Erde! Hier gibt es nichts, was Du nicht sein, tun oder haben kannst. Du bist ein großartiger Schöpfer oder eine großartige Schöpferin, und Du bist aus eigenem Entschluss hergekommen, erfüllt von dem machtvollen Wunsch, hier zu sein. Du hast das wunderbare Gesetz der Bewussten Schöpfung auf Deine ganz eigene, spezifische Weise angewendet, und aufgrund dieser Fähigkeit bist Du nun hier.*

Gehe hin und ziehe Lebenserfahrungen an, die Dir helfen, immer wieder zu entscheiden, was Du wirklich im Leben willst. Und hast Du Dich entschieden, dann konzentriere Dich völlig auf diese Wünsche und Ziele. Den größten Teil Deiner Zeit wirst Du damit zubringen, Daten zu sammeln, die Dir helfen, die für Dich richtigen Wünsche und Ziele zu wählen. Konzentriere Dich dann ganz auf Deine Wünsche, denn Du wirst immer das bekommen, worauf Du Dich konzentrierst. Das ist der Prozess der Bewussten Schöpfung.

Doch wir sprechen *nicht* am ersten Tag Deines Lebens mit Dir. Du bist schon eine ganze Weile hier, und die meisten von Euch sehen sich selbst nicht nur durch die eigenen Augen – ja sogar noch nicht einmal überwiegend durch die eigenen Augen –, sondern vor allem durch die Augen anderer. Und daher befinden sich derzeit viele von Euch keineswegs in dem Seinszustand, der eigentlich Euren Wünschen entspricht.

Die *Kreativ-Werkstatt* ermöglicht es Dir, den Seinszustand zu erreichen, der Deinen Wünschen entspricht. Du schaffst Dir einen bewussten Zugang zur Macht des Universums, was Dich in die Lage versetzt, das, was Du Dir wünschst, in Dein Leben zu ziehen, statt immer wieder das anzuziehen, was Du als Deine momentane Realität empfindest. Aus unserer Perspektive besteht ein großer Unterschied zwischen dem, was gegenwärtig existiert – das, was Ihr Eure Realität nennt – und dem, was Eure wahre Wirklichkeit ist.

Zwar mag es sein, dass Du Dich gegenwärtig in einem Körper befindest, der krank ist, oder in einem Körper, der nicht die Größe, Gestalt oder Vitalität hat, die Du Dir wünschst. Zwar mag es sein, dass Du ein Leben führst, das Dir wenig Freude macht, ein Auto fährst, das Dir peinlich ist, oder ständig mit Menschen zu tun hast, die Dich schlecht behandeln. Wir aber möchten Dir zeigen, dass dieser Seinszustand nicht unabänderlich ist.

Wir bieten Dir hier eine Methode an, bei der Du jeden Tag ein wenig Zeit darauf verwendest, *bewusst und gezielt* gute Gesundheit, Vitalität, Wohlstand und positive zwischenmenschliche Beziehungen in Dein Leben zu ziehen – all die Dinge, die Bestandteil Deiner Vision von einem wunderbaren Leben sind.

Ein weiteres Beispiel für eine *Kreativ-Werkstatt*

Wir möchten Dich ermutigen, Deine Werkstatt täglich aufzusuchen, aber nur für kurze Zeit. Fünfzehn oder zwanzig Minuten genügen. Es ist gut, wenn es sich um einen Ort handelt, wo Du dich bequem hinsetzen und etwas aufschreiben kannst, doch Du kannst die Übung auch in Deiner Phantasie machen, überall, wo Du für eine Weile ungestört bist. Es geht dabei nicht darum, einen veränderten Bewusstseinszustand herbeizuführen oder sich in Meditation zu begeben. In Deiner Werkstatt solltest Du klar und präzise darüber nachdenken, was Du Dir wünschst, und zwar so, dass dadurch in Dir positive Gefühle geweckt werden. Gehe guten Mutes und leichten Herzens in Deine Werkstatt. Falls Du gerade unglücklich bist oder Dich unwohl fühlst, solltest Du die Arbeit in Deiner *Kreativ-Werkstatt* auf einen späteren Zeitpunkt verschieben.

In Deiner Werkstatt geht es darum, Daten auszuwerten, die Du im Alltagsleben gesammelt hast. Forme diese Daten zu einem Bild, das Dir gefällt und Dich befriedigt. Sammle während des Tages – bei der Arbeit, zu Hause oder im Umgang mit der Familie und Freunden – Informationen, die Du später in Deiner Werkstatt auswerten kannst.

Vielleicht begegnet Dir jemand, der eine sehr fröhliche, ausgeglichene Persönlichkeit hat. Sammle diese Information und bringe sie später mit in Deine Werkstatt. Oder Du siehst ein Auto, das Du selbst auch gern besitzen würdest; sammle auch diese Information. Oder Du erfährst etwas über einen Beruf, der Dir Freude machen würde ... Immer wenn Du etwas siehst, das Du schön und wünschenswert findest, präge es Dir ein. Du kannst es Dir sogar aufschreiben. Wenn Du dann in Deine Werkstatt gehst, kannst Du die gesammelten Informationen und Anregungen auswerten und darüber nachdenken. Auf diese Weise erschaffst Du Dir ein neues Bild Deiner selbst, das schon bald in Deiner Lebenswirklichkeit Gestalt annehmen wird.

Hier folgt ein ausführlicheres Beispiel für eine solche *Kreativ-Werkstatt:*

Ich bin gern hier, denn ich erkenne, welchen Wert und welche vitale Kraft diese Zeit hat. Ich fühle mich dabei sehr gut. Und ich sehe mich selbst als eine Art Gesamtpaket, von dem ich weiß, dass ich es selbst erschaffen und mir ganz gewiss selbst ausgesucht habe. Ich bin voller unerschöpflicher Energie. Mühelos und ohne Widerstände gehe ich meinen Weg. Ich sehe mich jetzt, wie ich in dieses neue Selbstbild hineingleite, mich leicht und frei durchs Leben bewege, sehe mich leichten Herzens durch Gebäude und Zimmer gehen, reisen, Leute treffen, immer neue Erfahrungen sammeln. Mühelos und glücklich fließe ich mit dem Leben.

Ich visualisiere, dass ich nur solche Menschen in meinen Erfahrungsbereich ziehe, die sich in Harmonie mit meinen gegenwärtigen Absichten befinden. Und ich werde mir meiner Wünsche immer klarer bewusst. Wenn ich ins Auto steige, sehe ich mich gesund, ausgeruht und zur rechten Zeit an meinem Ziel ankommen, bestens auf alles vorbereitet, was mich dort erwartet. Ich sehe, dass ich stets perfekt und ganz nach meinen Wünschen gekleidet bin.

Und es ist gut zu wissen, dass es keine Rolle spielt, was andere Leute tun oder ob ihnen gefällt, was ich tue. Worauf es ankommt, ist, dass ich mit mir zufrieden bin. Und wenn ich dieses Bild meines Selbst betrachte, bin ich sehr zufrieden.

Ich erkenne, dass ich mich in allen Lebensbereichen unbegrenzt entfalten kann. Ich habe ein unerschöpfliches Bankkonto. Ich erlebe keinerlei finanzielle Einschränkungen. Ich treffe alle meine Entscheidun-

gen danach, ob ich mir diese Erfahrung wirklich wünsche, und nicht danach, ob ich sie mir finanziell leisten kann. Ich weiß, ich bin ein Magnet, der alles anzieht, was ich mir an Wohlstand, Gesundheit und erfüllten Beziehungen zu anderen Menschen wünsche.

Ich wähle absolute und grenzenlose Fülle, denn ich weiß, dass der Reichtum des Universums unerschöpflich ist. Wenn ich für mich selbst Wohlstand herbeiziehe und manifestiere, nehme ich damit niemandem etwas weg oder schränke den Wohlstand anderer ein. Es ist genug für alle da. Dabei geht es gar nicht unbedingt darum, riesige Reichtümer zu horten, denn alles, was ich benötige und mir wünsche, kann ich leicht und mühelos in meinen Erfahrungsbereich bringen. Es gibt einen unerschöpflichen Nachschub an Geld und Wohlstand jeder Art, der mir stets frei zugänglich ist.

Ich sehe mich selbst umgeben von Menschen, die wie ich nach persönlichem Wachstum streben. Diese Menschen werden von meiner Bereitschaft angezogen, sie so zu akzeptieren, wie sie sind. Ich gestatte ihnen, zu sein, zu tun und zu haben, was immer sie sich wünschen. Ich sehe mich in einem fruchtbaren Austausch mit den anderen. Wir reden und lachen gemeinsam. Ich freue mich an dem, was an ihnen vollkommen ist, und sie freuen sich an dem, was an mir vollkommen ist. Wir empfinden große Wertschätzung füreinander. Niemand kritisiert den anderen oder schenkt unerwünschten Dingen Beachtung.

Ich sehe mich selbst bei bester Gesundheit und wohlhabend. Voller Freude genieße ich meine physische Lebenserfahrung, die ich mir so sehr gewünscht habe, dass ich beschloss, als dieses physische Wesen zu inkarnieren.

Es ist wunderbar, hier zu sein, mit meinem physischen Gehirn Entscheidungen zu treffen und dabei durch das Gesetz der Anziehung in ständiger Verbindung zur Macht des Universums zu stehen. Und aus diesem herrlichen Seinszustand heraus ziehe ich jetzt magnetisch noch mehr von all diesem Guten an. Es ist gut. Es macht Spaß. Es gefällt mir sehr.

Und nun ist meine Arbeit für diesen Tag beendet. Ich verlasse jetzt meine Kreativ-Werkstatt und werde weiterhin Ausschau nach allem halten, was mir gefällt. Meine Arbeit für heute ist getan.

Wenn Du Dich schon gut fühlst, bevor Du Deine Werkstatt betrittst, und dann erfreuliche, inspirierende Ideen und Beobachtungen dorthin mitbringst und dich möglichst intensiv und detailliert mit diesen Dingen und Aktivitäten beschäftigst, wird Dein Leben außerhalb der Werkstatt schon bald diese inneren Bilder widerspiegeln, die Du in Deiner *Kreativ-Werkstatt* geschaffen hast. Das ist eine sehr wirkungsvolle Methode, um Dir ein perfektes Leben zu erschaffen.

Methode 4

Virtuelle Realität

Diese Methode solltest Du anwenden, wenn

- Du Dich gut fühlst und eine Schwingung des *Sich-Öffnens* einüben möchtest;
- Du Dich an eine angenehme Erfahrung erinnerst und dieses Gefühl länger ausdehnen oder Dich sogar noch besser fühlen möchtest;
- Du etwas Zeit zur Verfügung hast und diese auf angenehme Weise verbringen möchtest.

Gegenwärtige emotionale Bandbreite

Von der *Methode 4* wirst Du dann am meisten profitieren, wenn Dein gegenwärtiger Emotionaler Set-Point auf der Skala der Emotionen in folgendem Bereich liegt:

Von
(1), Freude/Wissen/Macht/Freiheit/Liebe/
Wertschätzung
bis
(8), Langeweile

(Wenn Du Dir nicht sicher bist, was Dein gegenwärtiger Emotionaler Set-Point ist, schlage im Anhang nach. Dort findest Du die 22 Stufen der Emotionalen Feedback-Skala.)

Denke daran, dass Du in einem Schwingungs-Universum lebst und dass alle Dinge durch des *Gesetz der Anziehung* regiert werden. Du bekommst das, worüber Du nachdenkst, ob Du willst oder nicht, denn wenn Du in Schwingungs-Harmonie mit einer Sache gehst, wird sich deren schwingungsmäßige Essenz auf die eine oder andere Weise in Deiner Lebenserfahrung manifestieren.

Man kann also sagen, dass das Universum auf die von Dir ausgestrahlten Schwingungen reagiert, also auf Deinen Aufmerksamkeits-Fokus, auf die Gedanken, die Du denkst, und darauf, wie Du Dich fühlst. Das Universum reagiert nicht auf das, was *bisher* in Deinem Leben manifestiert worden ist, sondern auf die Schwingung, die Du *hier und jetzt* ausstrahlst. Das Universum unterscheidet nicht, ob Du tatsächlich eine Million Dollar besitzt oder lediglich darüber nachdenkst, eine Million Dollar zu besitzen. *Deine gegenwärtigen Gedanken, nicht deine bisherigen Manifestationen, bestimmen darüber, was Du künftig in Dein Leben ziehst.*

Die *Virtuelle Realität* genannte Methode 4 beschäftigt sich nicht damit, etwas zu reparieren, was defekt ist. Vielmehr geht es bei dieser Methode darum, dass Du in Deinem Geist eine Szene aktivierst und eine dieser Szene entsprechende Schwingung ausstrahlst. Wenn Du das häufig übst, können diese neuen, angenehmen Schwingungen schließlich zu Deinem Emotionalen Set-Point werden.

Die meisten Menschen strahlen ihre Schwingungen überwiegend in Reaktion auf Dinge, Menschen oder Zustände aus, die sie in ihrer Umwelt wahrnehmen. Und daher entfaltet sich das Leben der meisten Menschen weitgehend so, wie es bisher schon war, ohne dass erkennbare positive Veränderungen stattfinden. Das liegt daran, dass sie immer wieder die gleichen Gedanken denken, sich geistig ständig in den Bahnen ihrer bisherigen Erfahrungen bewegen. Durch das Spiel *Virtuelle Realität* lässt sich dieser Zustand verändern, denn die Anwendung der Methode wird bewirken, dass sich Deine Schwingungen deutlich aus den gewohnten Bahnen entfernen. Da das Universum auf Deine Schwingungen reagiert – und nicht auf das Leben, was Du gegenwärtig führst, können nun neue, erstaunliche, wunderbare Dinge zu Dir gelangen, die völlig von Deinen bisherigen Erfahrungen abweichen.

So, wie wir es sehen, gibt es da vor allem eine Falle, in die Ihr immer wieder hineinstolpert: Kontraste sind notwendig und wertvoll, weil sie eine Fülle von Wünschen in Euch freisetzen, aber sie können leider auch Eure Energien ziemlich durcheinanderwirbeln. Um zu wissen, dass Ihr Euch etwas sehr wünscht, müsst Ihr Euch zunächst meistens ziemlich heftig mit den Zuständen herumschlagen, die Euch verdeutlichen, was Ihr auf keinen Fall wollt. Mit anderen Worten: Wann verlangt Ihr besonders deutlich nach Gesundheit? Normalerweise, wenn Ihr Euch alles andere als wohlfühlt, nicht wahr? Wann wünscht Ihr Euch besonders heftig Geld? Höchstwahrscheinlich, wenn Ihr gerade in Finanznöten steckt. Wenn Ihr verwirrt seid, wünscht Ihr Euch mehr Klarheit, nicht wahr? Wenn Ihr Euch überfordert fühlt, wünscht Ihr

Euch mehr Kraft und Gelassenheit. Und wenn Ihr Euch langweilt, wünscht Ihr Euch Abwechslung und Anregung.

Denkt daran, dass die *Kreativ-Werkstatt-Methode* aus drei Schritten besteht:

1. Du bittest (das ist leicht; du tust es tagaus, tagein).
2. Die Bitte wird beantwortet (darum musst Du Dich nicht kümmern, denn das erledigt die Ur-Kraft für Dich).
3. Sich-Öffnen und Zulassen (das heißt, empfangsbereit für das werden, worum Du gebeten hast).

Es ist wichtig, sich bewusst zu machen, dass die **Schritte 1** und **3** voneinander verschieden sind. Wenn Du Dich auf etwas konzentrierst oder um etwas bittest, das Du wirklich brauchst oder Dir dringend wünschst, bist Du dennoch oft nicht in Schwingungs-Harmonie mit dem Gewünschten. Stattdessen befindest Du Dich in Schwingungs-Harmonie mit dem momentan bestehenden Mangelzustand.

Wenn zu viele Rechnungen auf einmal kommen und Dir das Geld fehlt, um sie alle zu bezahlen, und Du dann ängstlich sagst: »ich *brauche* mehr Geld« oder positiver ausgedrückt: »ich *möchte* mehr Geld«, führst Du damit **Schritt 1** aus. Du artikulierst Deinen Wunsch. Aber Du hast **Schritt 3** nicht umgesetzt, solange Du Dich gedanklich von dem abschneidest, was Du herbeiwünschst.

Du bittest unaufhörlich. Du kannst gar nicht aufhören, Wünsche zu haben. Die Gegensätze und Kontraste der physischen Welt wecken immer neue Wünsche in Dir. Deine eigentliche Arbeit besteht darin, **Schritt 3** zu realisieren, indem Du Dich selbst in einem empfangsbereiten Zustand versetzt. Es ist, als wolltest Du ein Radio- oder Satellitensignal empfangen. Das geht nur, wenn Du Deinen Empfänger auf die Frequenz des Senders einstellst, sonst empfängst Du nur statisches Rauschen, kein klares Signal. In gleicher Weise kannst Du feststellen, ob Dein gesendetes Signal mit dem Empfangssignal auf derselben Welle liegt, indem Du prüfst, ob Deine Emotionen mit der Erfüllung des Wunsches in Einklang stehen. Mit anderen Worten: Solange Du Dich frustriert, verletzt oder wütend fühlst, hast Du **Schritt 3** noch nicht wirklich vollzogen.

Wir möchten, dass Du Dich entspannst und nicht zu streng mit Dir bist, wenn Du merkst, dass Du von negativen Emotionen erfüllt bist. Negative Emotionen sind eine gute Sache, weil sie Dir anzeigen, dass Du Deine Schwingungen besser justieren musst, um zur Harmonie mit Deinem wahren Sein zu finden.

Wenn Du wirklich schlecht synchronisiert bist, mit anderen Worten, wenn Du Dich dauerhaft unwohl fühlst, empfehlen wir Dir, zunächst eine stärker Trost spendende Methode anzuwenden, und zwar die *Meditation* (Methode 6). Wenn Du Deinen Geist zur Ruhe bringst, hältst Du damit das Denken an, und wenn Du das Denken unterbrichst, erhöht sich automatisch Deine Schwingungsfrequenz.

Wenn Du allerdings etwas findest, das Du wirklich wertschätzt, und es Dir gelingt, Dich darauf zu konzentrieren, dann ist die Methode 1, *Wertschätzung ausstrahlen,* sogar noch besser geeignet, weil Du sie praktisch überall durchführen kannst, egal, wo Du Dich gerade befindest. Die Methode *Virtuelle Realität* hat vor allem zwei Nutzeffekte: Du gewöhnst Dich daran, wie sich Widerstandslosigkeit anfühlt. Dadurch wirst Du viel früher merken, wenn Du inneren Widerstand aufbaust, und es wird Dir viel leichter fallen, diesen Zustand wieder zu verlassen, ehe er sich verfestigt. Und immer dann, wenn Du Dich in einem Zustand der Widerstandslosigkeit befindest, wird das *Gesetz der Anziehung* Dir eine positive Antwort schicken.

Abraham, verrate uns noch mehr über die Methode *Virtuelle Realität*

Virtuelle Realität ist eine Methode, bei der Du eine imaginierte Situation in allen Details selbst gestaltest, ganz so, wie es ein Regisseur mit einer Filmszene tun würde. Du beginnst die Übung, indem Du Dich fragst: *Wo findet diese Szene statt?*

Wähle einen Schauplatz, der sich angenehm anfühlt. Das kann ein Ort sein, an dem Du schon selbst gewesen bist, aber auch einer, den Du nur vom Hörensagen, aus einem Buch oder einem Film kennst. Du kannst Dir aber auch selbst einen Phantasie-Ort erschaffen.

Spielt die Szene drinnen oder im Freien? Zu welcher Tageszeit? Ist es morgens, mittags oder abends? Geht die Sonne gerade auf oder unter? Herrscht helles Tageslicht? Wie fühlt sich die Luft an? Wie ist die Temperatur? Wie bist Du angezogen? Sind noch andere Personen anwesend? Wähle eine Situation, die sich sehr angenehm anfühlt.

Es spielt keine Rolle, ob Du allein bist oder in Gesellschaft anderer. Wichtig ist aber, dass, wenn Du Dich entschließt, eine oder mehrere andere Personen in Deine Imagination einzufügen, es sich um Menschen handelt, deren Gegenwart Du als wirklich angenehm empfindest.

In welcher Stimmung befindest Du Dich? Lachst Du? Sitzt Du ruhig da, in stiller Kontemplation? Hast Du die Szenerie festgelegt, kannst Du Dir als Nächstes ausmalen, worüber Ihr miteinander redet.

Der Sinn der Erschaffung einer solchen *Virtuellen Realität* besteht darin, innere Schwingungen zu aktivieren, die es Dir ermöglichen, Dein Wohl-Sein zuzulassen. Du solltest Dir also keine *Virtuelle Realität* erschaffen, in der Du Dir ein Haus mit undichtem Dach baust und dann die Handwerker rufen musst, um es abzudichten. Du solltest keine hässlichen Tapeten an die Wände kleben und dann jemanden kommen lassen, der sie übermalt. Du kannst Dir Deine *Virtuelle Realität* ganz so gestalten, wie es Deinen Wunschträumen entspricht.

Benutze diese Methode nicht, um eine bestimmte, real existierende Situation positiv zu verändern. Wenn Du versuchst, etwas zu reparieren, trägst Du damit die existierende negative Schwingung in deine Virtuelle Realität hinein und blockierst so die Wirksamkeit der Methode.

Es gibt nichts Wichtigeres, als sich gut zu fühlen

Wohl-Sein in Gestalt der jeweiligen präzisen Erfüllung Deiner Wünsche kann nur dann nicht in Dein Leben strömen, wenn Du schlecht gelaunt, wütend oder besorgt bist. Die *Virtuelle-Realitäts*-Übung wird Dir helfen, Dich die meiste Zeit über gut zu fühlen. Dabei ist es genau wie mit dem Trainieren eines Muskels: Je öfter Du es tust, desto besser funktioniert es für Dich.

Esther praktizierte dieses Spiel *Virtuelle Realität*

einmal, während sie das große Wohnmobil lenkte, mit dem Jerry und sie auf Reisen gehen. Sie fand heraus, dass es für sie am besten funktioniert, wenn sie rasch in eine Szenerie hineingeht, an einen imaginierten Ort, wo sie sich wirklich wohlfühlt, und die Übung dann relativ schnell wieder beendet. Wenn sie zu lange in der Szene blieb, entwickelte sie den Drang, Dinge in Ordnung zu bringen oder an den Leuten herumzuverbessern. Aber wenn sie einfach einen Ort auswählte, an dem sie sich wirklich aus vollem Herzen wohl fühlt, entschied, wen sie dort gern treffen wollte, welche Stimmung herrschen sollte, dann führte sie nur ein kurzes Gespräch mit der oder den anderen anwesenden Personen. Wenn sie die Übung gleich darauf wieder beendete, fühlte sie sich dabei wunderbar.

Wir möchten Dich ermutigen, dieses Spiel zu spielen, während Du Auto fährst, in einer Schlange wartest, im Bett liegst oder bei anderen sich bietenden Gelegenheiten. Wenn Du solche imaginären Wohlfühl-Szenarien erschaffst, aktivierst Du dadurch eine energetische Schwingung, die sich gut anfühlt. Und dann reagiert das *Gesetz der Anziehung* auf diese Schwingung. *Es gibt nichts Wichtigeres, als sich gut zu fühlen – und es gibt nichts Besseres, als innere Bilder zu erzeugen, die bewirken, dass Du Dich gut fühlst.*

Wenn Esther die Übung beim Autofahren machte und darüber nachdachte, wie sich die Luft an ihrem Wohlfühl-Ort anfühlte, stellte sie sich manchmal vor, dass die Luft nur ein klein wenig Feuchtigkeit enthielt. Manchmal gestaltete sie die Luft so trocken, dass es sich gut anfühlte, wenn sie ihr über die Haut wehte. Manchmal bevorzugte sie dreißig Grad Wärme ohne jede Luftfeuchtigkeit. Stets wählte sie die Kombination aus Temperatur, Luftfeuchtigkeit und Tageszeit, die ihr gerade als besonders wohltuend erschien.

Dann brachte sie liebe Freunde in die Szenerie, mit denen sie Spaß haben konnte. Gemeinsam erlebten sie viele wundervolle Dinge. Sie wurde so gut darin, *Virtuelle Realität* zu spielen, dass sie ihren Aufenthalt dort gern ausdehnen wollte, weil sie innerhalb des Spiels alles völlig unter Kontrolle hatte.

Jeder Gedanke, der sich schlecht anfühlt, *ist* schlecht

Das Universum weiß nicht (oder kümmert sich nicht darum), warum Deine Schwingung gegenwärtig so ist, wie sie ist. Mit anderen Worten, gestern könnten die Ärzte bei Dir eine schwere Krankheit diagnostiziert haben, und trotzdem könntest Du heute über die Autobahn brausen (wie Esther), in irgendeiner Form von imaginierter *Virtueller Realität*. In dem Moment, wenn Du Dich ganz auf diese *Virtuelle Realität* konzentrierst, gibt es in Deinem Körper keine Entsprechung für die Krankheit mehr. Und wenn Du diese Schwingung öfter aktivierst als Dir die Krankheit bewusst zu machen, kann die Krankheit nicht in Deinem Körper bleiben. Sie ist nur dort, weil Du unwissentlich irgendwelche Gedanken gewählt hast, die sich in Schwingungs-Harmonie zu der Essenz der Krankheit befinden.

Jeder Gedanke, der auf ungesunden, krankmachenden Frequenzen schwingt, fühlt sich unangenehm an, wenn Du ihn denkst. Er fühlt sich an wie Wut,

Ärger, Groll, Schuldgefühle oder Furcht. ... Diese Gedanken sind nicht gut für Dich, und Du spürst genau, dass sie nicht gut für Dich sind, weil sie sich schlecht anfühlen, wenn Du sie denkst. So, wie es schmerzhaft ist, eine heiße Herdplatte zu berühren, ist es auch schmerzhaft, negative Emotionen zu fühlen.

Dinge, die Du vor langer Zeit erlebt hast, die gegenwärtig aber nicht aktiv in Dir schwingen, und ebenso Dinge, die Du erst gestern erlebt hast, an die Du heute aber nicht denkst, wirken sich in keiner Weise auf Deine momentane Schwingungsfrequenz aus. Daher ist es nicht nötig, dass Du Dich von allen negativen Gedanken befreist.

Im Umgang mit anderen Menschen wirst Du manchmal etwas hören, sehen oder riechen, das in dir eine sich unangenehm anfühlende Schwingung auslöst. Wenn das geschieht, sage Dir einfach: »Oh, wie gut, dass mein Emotionales Feedback-System funktioniert! Ich fühle, wie etwas in mir aktiviert wird, das mir nicht gut tut. Die Aktivierung dieser Schwingung zeigt mir an, dass ich einen inneren Widerstand hege, der das Wohl-Sein blockiert, das ich normalerweise empfinden würde.«

Was ist dann zu tun? Nun, *das* ist der ideale Zeitpunkt, um bewusst einen Gedanken zu wählen, der sich besser anfühlt. Und wenn Du eifrig die Methode *Virtuelle Realität* geübt hast, sollte es Dir sehr leicht fallen, einen sich besser anfühlenden Gedanken zu finden. Hast Du darin jedoch keine Übung, wird es Dir deutlich größere Schwierigkeiten bereiten, von negativen auf positive Gedanken umzuschalten. Dann bleibt Dir oft nichts anderes übrig als abzuwarten, bis der negative Gedanke von allein schwächer wird und verschwindet.

Ein weiteres Beispiel für die Methode *Virtuelle Realität*

Je öfter Du das Spiel mit der *Virtuellen Realität* trainierst, desto häufiger wirst Du die Schwingung der Widerstandslosigkeit ausstrahlen. Je häufiger und je länger Du die Schwingung der Widerstandslosigkeit ausstrahlst, desto besser wirst Du Dich fühlen. Und natürlich werden dann die Dinge, die Du Dir wünschst, immer reichlicher und müheloser in Dein Leben strömen. Stelle Dir beispielsweise einmal das folgende Szenario vor:

Ort: ein wunderschöner weißer Sandstrand.

»Es ist Winter, aber das Wetter ist wunderbar. Es ist angenehme einundzwanzig Grad warm. Einige Schäfchenwolken ziehen vorbei und eine sanfte Brise streichelt meine Haut.

Barfuß laufe ich über den kühlen, reinen Sand. Ich trage weite, bequeme Kleidung und fühle mich rundum wohl in meiner Haut. Ich schlendere am Strand entlang und fühle mich stark, glücklich und sicher.

Meine fünfjährige Enkelin begleitet mich und genießt den Tag ebenso wie ich. Sie freut sicht darüber, Zeit mit mir zu verbringen, aber ich muss sie nicht ständig beschäftigen, sondern kann entspannt zuschauen, wie sie ganz selbstvergessen am Strand herumläuft, im Sand buddelt und die Zeit am Meer genießt. Ich bin sehr froh, dass wir hierher gekommen sind. Das war eine sehr gute Entscheidung.

Meine Enkelin läuft herbei, zeigt mir eine Muschel, die sie entdeckt hat, und sagt mit vergnügter Stimme und strahlenden Augen: ›Oma, ich bin so froh, dass wir hier sind!‹ Und ich sage zu ihr: ›Ich genieße es auch sehr, mit dir hier zu sein, mein Kind.‹«

Das ist ein guter Moment, um die *Virtuelle Realitäts*-Übung zu beenden.

Ob erfreulich oder sorgenvoll – Deine Visualisierungen werden immer beantwortet

In Tuscon schenkte eine Freundin Esther ein Reparaturset für die Windschutzscheibe. Und Esther dachte: *Ich frage mich, wie dieses Set wohl funktioniert.* Sie las sich die Anleitung durch und dachte: *Das ist ja wirklich wunderbar.* Auf dem Rückweg zu ihrem Wohnmobil hielt Esther das Geschenk in der Hand und dachte intensiv darüber nach, wie leicht doch Windschutzscheiben beschädigt werden können und dass dieses Reparaturset deshalb eine wirklich tolle Sache war.

Sie und Jerry setzten die Reise mit ihrem Wohnmobil fort, und es dauerte keine zehn Minuten, da überholte sie ein Lastwagen. Ein großer Stein wurde hochgeschleudert und schlug ein Loch in die Windschutzscheibe des Wohnmobils. So erhielt Esther fast augenblicklich Gelegenheit, die Windschutzscheiben-Reparatur, die sie visualisiert hatte, in natura zu erleben.

Es spielt keine Rolle, was Du in Deiner *Virtuellen Realität* tust, ob Du Dich freust oder Unangenehmes visualisierst – in jedem Fall sendest Du eine Schwingung aus, auf die das *Gesetz der Anziehung* entsprechend reagiert.

Jemand sagte zu uns: »Abraham, das Visualisieren

bereitet mir große Schwierigkeiten. Ich versuche immer wieder, in die *Virtuelle Realität* hineinzugehen, aber ich schaffe es einfach nicht, innere Bilder zu erzeugen.«

Darauf antworteten wir: *Kannst Du Dich an vergangene Ereignisse erinnern? Wenn Du Dich erinnern kannst, dann kannst Du auch die Methode Virtuelle Realität anwenden. Wenn Du Dich erinnerst, erschaffst Du Bilder und Eindrücke neu, die Du früher schon einmal erlebt hast. In gleicher Weise kannst Du Dir auch Deine inneren Bilder für die Virtuelle Realität erschaffen.*

Zwischen Visualisieren und *Virtueller Realität* besteht also kein Unterschied mit der Ausnahme, dass Du bei unserer *Virtuellen Realitäts*-Methode innere Bilder erzeugst, die einzig dem Zweck dienen, angenehme Gefühle in Dir wachzurufen und Dein Wohlbefinden zu steigern.

Du wirst feststellen, dass diese Methode nicht nur ein überaus angenehmer Zeitvertreib ist, sondern darüber hinaus Deine Imagination stimuliert. So werden sich Deine vorherrschenden Schwingungen spürbar erhöhen, und wunderbare positive Veränderungen in vielen Lebensbereichen werden nicht lange auf sich warten lassen.

Methode 5

Das Wohlstands-Spiel

Diese Methode solltest Du anwenden, wenn

- Du Deine Vorstellungskraft trainieren möchtest;
- Du Deine Wünsche klarer und genauer formulieren möchtest;
- Du Dir mehr Geld wünschst;
- Du in vielen Lebensbereichen mehr Fülle und Wohlstand einfließen lassen möchtest.

Gegenwärtige emotionale Bandbreite

Von der *Methode 5* wirst Du dann am meisten profitieren, wenn Dein gegenwärtiger Emotionaler Set-Point auf der Skala der Emotionen in folgendem Bereich liegt:

Von
(1), Freude/Wissen/Macht/Freiheit/Liebe/
Wertschätzung
bis
(16), Entmutigung

(Wenn Du Dir nicht sicher bist, was Dein gegenwärtiger Emotionaler Set-Point ist, schlage im Anhang nach. Dort findest Du die 22 Stufen der Emotionalen Feedback-Skala.)

Bei dieser Methode beginnst Du, indem Du ein imaginäres Bankkonto anlegst. Mit anderen Worten, Du wirst zwar nicht zu einer realen Bank gehen, aber Du wirst Einzahlungen und Abbuchungen vornehmen, als handele es sich um ein wirkliches Konto. Du kannst dazu ein altes Kassenbuch verwenden, das nicht länger gebraucht wird, aber auch ein Buchhaltungsprogramm auf Deinem Computer. Oder Du stellst Dir sogar eigene Überweisungsformulare und Schecks her, die Du dann ausfüllst. Es kommt darauf an, dass die ganze Sache sich für Dich so real wie möglich anfühlt.

Zahle am ersten Tag 1000 Euro auf das Konto ein. Und gib sie aus. Mit anderen Worten, schreibe Schecks und gib Dein imaginäres Geld aus. Du kannst den ganzen Betrag auf einmal ausgeben, oder Du kannst Teilbeträge für unterschiedliche Dinge ausgeben und dafür jeweils einzelne Schecks oder Überweisungsformulare ausfüllen. Bei diesem Spiel geht es darum, Dir gut gelaunt und voller Freude zu überlegen, was Du Dir für dieses Geld gern kaufen würdest, und das Gefühl zu genießen, tatsächlich die entsprechenden Schecks auszustellen.

Gib bei jedem Scheck ausführlich den Verwendungszweck an. Schreibe zum Beispiel: *Für einen wunderschönen Füllfederhalter* oder *Jahreskarte fürs Fitnesscenter*. Du kannst die ganzen 1000 Euro heute ausgeben, oder etwas für den nächsten Tag sparen. Wir möchten Dich aber ermuntern, alles sofort auszugeben, denn am nächsten Tag wirst Du wieder eine wunderbare Einzahlung auf Dein imaginäres Konto vornehmen.

Zahle am zweiten Tag 2000 Euro ein.

Zahle am dritten Tag 3000 Euro ein.

Zahle am vierten Tag 4000 Euro ein.

Wenn Du am fünfzigsten Tag angelangt bist, zahle 50.000 Euro ein. Mache so weiter, sodass Du am dreihundertsten Tag 300.000 Euro einzahlst. Wenn Du dieses Spiel ein Jahr lang jeden Tag spielst, wirst Du am Jahresende über 66 Millionen Euro eingezahlt und ausgegeben haben.

Mit Hilfe dieser Übung wird sich Deine Imaginationsfähigkeit enorm entwickeln. Wenn Du das Spiel einige Wochen lang spielst, wirst Du feststellen, dass es ganz schön viel Konzentration erfordert, täglich so viel Geld auszugeben. So wird Deine Fähigkeit, Dinge zu imaginieren und visualisieren, hervorragend trainiert.

Die meisten unserer physischen Freunde trainieren ihre Imagination kaum. Sie beschäftigen sich gedanklich fast ausschließlich mit dem, was sie in ihrer Umgebung beobachten. Doch durch das *Wohlstands-Spiel* wirst Du intensiv dazu angeregt, neue Ideen zu entwickeln. Du wirst feststellen, dass Deine Wünsche und Erwartungen spürbar vielfältiger und größer werden. Dein Aufmerksamkeits-Fokus wird sich verändern und so wirst Du andere, neue Erfahrungen in Dein Leben ziehen.

Wie wir immer wieder betonen, reagiert das Universum auf die Schwingungen, die Du ausstrahlst, nicht auf Deinen momentanen Seinszustand. Wenn Du daher Deine ganze Aufmerksamkeit Deinem momentanen Zustand widmest, wird Deine Zukunft sich nur wenig von der Gegenwart unterscheiden. Widmest Du Deine Aufmerksamkeit jedoch den wundervollen, Deinen Horizont erweiternden Ideen, zu denen Dich dieses Spiel inspiriert, wird das Universum auf die Schwingungen dieser Gedanken reagieren.

Das Universum unterscheidet nicht zwischen der Schwingung, die Du als Reaktion auf das ausstrahlst, was Du momentan in der Außenwelt wahrnimmst, und der Schwingung, die Du als Reaktion auf das ausstrahlst, was Du Dir in Deiner Imagination vorstellst. Daher ist das Wohlstands-Spiel ein ausgezeichnetes Hilfsmittel, um Deine Schwingungsfrequenz anzuheben und damit positive neue Manifestationen in Dein Leben zu ziehen.

Du kannst das Spiel für kurze Zeit spielen, oder für ein Jahr und länger. Mache es so, wie es Dir angemessen erscheint. Am Anfang wirst Du Dich dabei vielleicht etwas seltsam fühlen, aber je länger Du es spielst, desto mehr werden sich Deine imaginativen Fähigkeiten erweitern. Diese Erweiterung Deines Horizonts wird Dir viel Freude machen, und schon bald wirst Du immer mehr Wohlstand und Wohlergehen in Dein Leben ziehen.

Indem Du die Schecks ausstellst und Deine Imagination einsetzt, ohne inneren Widerstand aufzubauen, da ja keine Gefahr besteht, dass Du Dich finanziell übernimmst, erreichst Du, was für eine erfolgreiche *Bewusste Schöpfung* erforderlich ist: Du äußerst Wünsche, und befindest Dich dabei im Zustand der Widerstandslosigkeit, bist also offen und empfangsbereit.

Dabei trainierst Du nicht nur Deine Imagination, sondern Dein ganzer Aufmerksamkeits-Fokus verändert sich, und dadurch werden sich zwangsläufig auch Deine Lebensumstände zum Besseren verändern. Es wird sich nicht nur Deine finanzielle Situation verbessern, sondern all die vielen Dinge, die Du während des Wohlstands-Spieles voller Freude imaginierst, werden immer mehr in Deinen Erfahrungsbereich hineinströmen.

Wie häufig und wie lange Du das Spiel spielst, liegt ganz bei Dir. Es gibt keine Regeln, nichts, was Du tun oder unterlassen solltest. Mit anderen Worten: Probier die Methode einfach aus. Experimentiere auf spielerische Weise mit ihr. Wichtig ist nur eines: *Trainiere und erweitere dabei Deine Imaginationsfähigkeit so gut wie irgend möglich.*

Wenn Du das Bildhauen lernen möchtest, würdest Du wohl kaum am ersten Tag einen großen Klumpen Ton auf den Tisch werfen und sagen: »Oh, das funktioniert nicht! Ich gebe auf.« Du würdest den Ton formen und gestalten. Du würdest Tag für Tag besser werden. Du würdest immer wieder neuen Ton kaufen. Du würdest anfangen, verschiedenfarbige Tonsorten auszuprobieren. Du würdest Deine Beherrschung dieser Kunst immer mehr verfeinern. Doch wenn es darum geht, aus der Energie, die Welten erschafft, Eure persönlichen Schöpfungen zu formen, unternehmen die meisten von Euch keine bewusste Anstrengung, ihre Gedanken zu lenken. Mit anderen Worten, es ist, als hätte jemand anderes den Ton genommen und ihn hier auf die Erde geworfen, und statt selbst Hand anzulegen und ihn kreativ umzuformen, beschränkt Ihr Euch darauf, immer nur darüber zu reden, wie der Ton aussieht.

»Also, das ist einfach schiefgelaufen. Meine Eltern hätten sich anders verhalten müssen.« Oder: »Die Wirtschaftslage ist eben mies. Was soll man da machen?« Oder: »Das Leben ist nun einmal ungerecht.«

Oder: »Mir gefällt nicht, wie diese Leute sich verhalten.« Und wir sagen: *Los, knetet Euren Ton selbst! Aktiviert die Energie Eurer Wünsche und formt sie durch die Macht Eurer Imagination.*

Kürzlich sagte eine Freundin zu uns: »Abraham, ich glaube, es ist euch egal, ob mein Partner je wieder zu mir zurückkehrt. Ich glaube, ihr wollt vor allem, dass ich so gut darin werde, zu imaginieren, er sei da, dass ich gar nicht mehr merke, dass er nicht da ist.« Darauf haben wir geantwortet: *Ganz genau, denn wenn du imaginierst, er sei da, dann bewirkt die Freude, die du dabei empfindest, dass die GOTT-Kraft – die Lebenskraft – dich durchströmt. Etwas Wunderbareres als das gibt es nicht.*

Und dann fügten wir hinzu: *Oh, und übrigens, wenn du dich in diesen Zustand versetzt, kann dein Partner gar nicht <u>nicht</u> zurückkehren. Solange Dein Denken und Fühlen aber um die Tatsache kreist, dass er bisher <u>nicht</u> zurückgekommen ist, kann er tatsächlich nicht zurückkommen. Obendrein strahlst du dann eine Schwingung aus, die genau die Energie blockiert, die durch deinen Wunsch eigentlich aktiviert wird.*

Wenn Du voller Freude das *Wohlstands-Spiel* spielst, werden sich bei Dir nicht nur die Finanzen, sondern auch alle anderen Lebensbereiche zum Besseren wandeln. Diese Methode hilft Dir, immer mehr positive Schwingungen zu aktivieren, weil Du lernst, Dich stärker auf Deine Wünsche zu konzentrieren und diese immer besser zu imaginieren. Weil Du während des *Wohlstands-Spiels* keinen inneren Widerstand aufbaust, der die Entfaltung Deiner Wünsche behindert, kann sich das, was Du Dir wünschst, frei und ungehindert manifestieren.

Durch das Spiel erweiterst Du Deinen Horizont und blickst erwartungsvoll nach vorn. Das hebt Deine Schwingungen beträchtlich, und die positiven Resultate werden nicht lange auf sich warten lassen.

Methode 6

Meditation

Diese Methode solltest Du anwenden, wenn

- Du Deinen inneren Widerstand reduzieren möchtest;
- Du einen einfachen Weg suchst, Deine momentane Schwingung zu erhöhen;
- Du generell Dein Energie-Niveau anheben möchtest;
- Du Dir Deines Inneren Seins stärker bewusst werden möchtest.

Gegenwärtige emotionale Bandbreite

Von der *Methode 6* wirst Du dann am meisten profitieren, wenn Dein gegenwärtiger Emotionaler Set-Point auf der Skala der Emotionen in folgendem Bereich liegt:

Von
(1), Freude/Wissen/Macht/Freiheit/Liebe/
Wertschätzung

bis
(22), Furcht/Trauer/Depression/Verzweiflung/
Ohnmacht

(Wenn Du Dir nicht sicher bist, was Dein gegenwärtiger Emotionaler Set-Point ist, schlage im Anhang nach. Dort findest Du die 22 Stufen der Emotionalen Feedback-Skala.)

Jeder Gedanke, den Du häufig denkst, nennt man einen *Glaubenssatz*. Viele Deiner Glaubenssätze leisten Dir wirklich gute Dienste: Gedanken, die im Einklang mit dem Wissen um die Ur-Kraft stehen, und Gedanken, die zu Deinen Herzenswünschen passen. Doch es gibt andere Glaubenssätze, die Dir *keine* guten Dienste leisten: zum Beispiel Gedanken, die um Deine vermeintliche Unfähigkeit und Minderwertigkeit kreisen.

Wenn Du um die Gesetze des Universums weißt und bereit bist, Deine Gedanken bewusst zu wählen, kannst Du mit der Zeit alle hinderlichen, Dich einengenden Glaubenssätze durch lebensspendende Glaubenssätze ersetzen. Es gibt eine Methode, die es Dir ermöglicht, Deine Glaubenssätze in viel kürzerer Zeit zu ändern und unmittelbar von dieser positiven Veränderung zu profitieren. Wir nennen diese Methode *Meditation*.

Wir necken unsere physischen Freunde gern damit, dass wir sagen, wir lehren Euch Meditation, weil es für die meisten von Euch leichter ist, das Bewusstsein zu reinigen und überhaupt nicht zu denken, als klare, positive Gedanken zu denken. Wenn Du Deinen Geist zur Ruhe bringst, strahlst Du keine Gedanken aus. Damit erzeugst Du auch keinen Widerstand. Und wenn Du keinen gedanklichen Widerstand erzeugst, ist die Schwingung Deines Wesens hoch und schnell und rein.

Stelle Dir einen Korken vor, der auf dem Wasser schwimmt. (Der Korken steht für Dein hoch, schnell und rein schwingendes natürliches Sein.) Stelle Dir nun vor, dass Du den Korken unter Wasser drückst. (Das ist innerer Widerstand.) Wenn Du den Korken loslässt, steigt er sofort wieder zur Wasseroberfläche auf.

Wie es für den Korken natürlich ist, oben auf dem Wasser zu schwimmen, ist es für Dich natürlich, die hohe, schnelle und reine Schwingung Deines Seins zu erleben – frei und ohne innere Widerstände. Wenn Du nicht aktiv etwas tust, was Dich unter Wasser hält, wirst Du, wie der Korken, sofort wieder hoch an die Oberfläche schweben, dorthin, wo Du hingehörst. Anders ausgedrückt, Du musst Dich nicht *anstrengen,* um den hohen Schwingungszustand zu erreichen, der natürlich für Dich ist – sonst wäre er ja wohl kaum natürlich. Alles, was Du tun musst, ist, damit aufhören, Gedanken zu denken, die Deine Schwingungen absinken lassen. Es kommt darauf an, nicht länger Dingen Aufmerksamkeit zu widmen, die Deinen Korken daran hindern, obenauf zu schwimmen, das heißt, die verhindern, dass Du in Harmonie mit Deinem wahren Sein schwingen kannst. Wenn Du Dich nicht auf Dinge konzentrierst, die Deinen wahren Herzenswünschen entgegenstehen, wirst Du keinerlei Widerstands-Schwingungen aktivieren – und damit gelangst Du ganz automatisch in Deinen natürlichen, glücklichen Zustand des Wohl-Seins.

Eine Entscheidung zu treffen bedeutet, Wunsch-Energie zu fokussieren. Wirksam wird die Entscheidung dann, wenn der dahinter stehende Wunsch stark genug ist. Die einzige Disziplin, die wir Dir auferlegen möchten, besteht darin, eine klare Entscheidung zu treffen, dass es für Dich ab jetzt nichts Wichtigeres gibt, als Dich gut zu fühlen, und dass Du stets nach sich angenehm anfühlenden Gedanken suchen wirst. Dass Dein Korken oben auf der Oberfläche schwimmt, ist das einzige, für das es wert ist, Disziplin aufzubringen.

Man könnte sagen, dass die Meditation eine Abkürzung ist, um die eigenen Glaubenssätze schneller zu verändern. Wenn Du nicht denkst, gibt es auch keinen Widerstand. Dann schwebt Dein Korken ganz natürlich wieder zurück zur Wasseroberfläche.

Wenn Du diese Methode anwenden möchtest, setze Dich an einem Ort, wo Du ungestört bist, ruhig hin. Trage dabei bequeme Kleidung. Es spielt keine Rolle, ob Du Dich in einen Sessel setzt oder auf den Boden. Du kannst Dich sogar aufs Bett legen (aber während der Meditation möglichst nicht einschlafen). Wichtig ist, dass Du Dich beim Meditieren körperlich wohl fühlst.

Schließe nun die Augen, entspanne Dich und atme. Lass langsam Luft in Deine Lunge strömen und genieße das angenehme Gefühl, wenn der Atem wieder entweicht.

Wenn Dein Geist zu wandern beginnt, lass die Gedanken sanft ziehen und schenke ihnen keine besondere Beachtung. Lenke Deine Aufmerksamkeit immer wieder auf den Atem zurück.

Es entspricht Deiner Natur, Dich auf bestimmte Gedanken konzentrieren zu wollen. Daher wird das Meditieren sich anfangs unnatürlich anfühlen und Du wirst merken, dass Dein Bewusstsein sich wieder den Dingen widmen möchte, mit denen Du Dich vor der Meditation gedanklich beschäftigt hast. Wenn das geschieht, entspanne Dich einfach, atme und versuche, alle Gedanken loszulassen.

Es wird Dir leichter fallen, Deinen Geist zur Ruhe kommen zu lassen, wenn Du kleine Gedanken auswählst, die nicht das Potenzial haben, sich zu etwas Interessantem zu erweitern: Konzentriere Dich also auf Deinen Atem. Du kannst in Gedanken Deine Atemzüge zählen. Oder Du kannst beispielsweise auf das Tropfen eines Wasserhahns lauschen oder auf das Rauschen des Windes in den Bäumen. ... Wenn Du solche leisen, sanften Gedanken wählst, lässt Du alle Widerstands-Gedanken hinter Dir – Deine Schwingungsfrequenz wird dann (wie der Korken) ganz natürlich steigen.

Bei dieser von uns vorgeschlagenen Meditations-Methode arbeitest Du nicht gezielt auf die Verwirklichung Deiner Wünsche hin, sondern es geht darum, innerlich ruhig zu werden. Dadurch reduzierst Du Deinen gedanklichen Widerstand und steigst empor zu deiner natürlichen, reinen Schwingungsfrequenz.

Wenn Du Deinen Geist beruhigst, kann es vorkommen, dass sich ein Gefühl physischer Losgelöstheit einstellt. Es könnte zum Beispiel sein, dass Du keinen wirklichen Unterschied mehr zwischen Deinen Zehen und Deiner Nase spürst. Manchmal kann sich auch ein Kribbeln oder Prickeln auf der Haut bemerkbar machen. Und oft, wenn Du Deinen Widerstand aufgelöst hast und in Deinen natürlichen reinen und hohen Schwingungszustand eintrittst, wirst Du eine unwillkürliche Bewegung in Deinem Körper spüren. Vielleicht schwankt er leicht hin und her oder vor und zurück, oder Dein Kopf wiegt sich sanft.

Vielleicht musst Du aber auch einfach nur gähnen. Jede dieser Empfindungen oder Bewegungen zeigt an, dass Du tatsächlich in einen meditativen Zustand gelangt bist.

Dein Aufmerksamkeits-Fokus hat sich nun verändert. Du bist offen und empfangsbereit für die Geschenke des Universums. Die Dinge, um die Du gebeten hast – und alle Deine Gebete werden erhört –, können nun sanft in Deinen Erfahrungsbereich strömen. Und auch nachdem Du die Meditation beendet hast, wird dieser Zustand des Offen-Seins weiter anhalten – so lange, bis Du Dich auf etwas konzentrierst, das Deine Schwingungsfrequenz wieder absinken lässt. Aber mit genug Übung werden diese höheren Frequenzen Dir so vertraut werden, dass Du sie aufsuchen kannst, wann immer Du möchtest.

Wenn Du regelmäßig meditierst, wirst Du ein feines Gespür dafür entwickeln, wie die höheren Frequenzen sich in Deinem Körper anfühlen. Mit anderen Worten, jedes Mal, wenn Du Dich gedanklich mit etwas beschäftigst, das ein Absinken Deiner Schwingungen bewirkt, wirst Du dies frühzeitig bemerken, ehe das Absinken sich allzu negativ auswirkt. Du wirst dann in der Lage sein, diesen Widerstand erzeugenden Gedanken zu verändern, und dadurch kannst Du Dein inneres Gleichgewicht aufrechterhalten.

Abraham, verrate uns noch mehr über die *Meditation*

Viele Lehrer, wir eingeschlossen, lehren *Meditation* als eine sehr gute Methode, um die energetischen Schwingungen anzuheben. Eine Meditationsmethode ist dann wirkungsvoll, wenn sie Dich von jeder Form physischer Bewusstheit ablenkt, die in Dir Widerstands-Schwingungen hervorruft. Der positive Effekt besteht darin, dass Du in der Meditation Deine Aufmerksamkeit von den Dingen abziehst, die Deine Schwingungen auf niedrigem Niveau halten, und so kann Deine Schwingungsfrequenz ganz natürlich ansteigen. In gewisser Weise ziehst Du Dein Bewusstsein zurück, bleibst aber gleichzeitig hellwach. Wenn Du einschläfst, ziehst Du Dein Bewusstsein gleichfalls zurück, aber im Schlaf erlebst Du nicht bewusst, wie es sich anfühlt, auf einer höheren Frequenz zu schwingen. Bist Du hingegen wach und meditierst, kannst Du *bewusst* erkennen, wie die höhere Schwingungsfrequenz sich anfühlt. So wirst Du mit der Zeit Deine Schwingungen viel sensibler beobachten, und es wird Dir sofort auffallen, wenn Du Dich auf eine Sache konzentrierst, die in Dir energetischen Widerstand hervorruft.

Manchmal fragen die Leute: »Abraham, ist es normal, dass, wenn jemand zu meditieren anfängt, in seinem Leben zunächst einmal alles kräftig durcheinandergewirbelt wird?« Darauf antworten wir mit Ja, denn durch die Meditation wächst Eure Sensibilität, sodass Ihr Euch mit Euren bisherigen niedrigen Schwingungsmustern nicht länger wohl fühlen werdet.

Einige weitere Möglichkeiten, Deine Schwingungen zu erhöhen

Neben der *Meditation* gibt es noch weitere Möglichkeiten, wie Du Deine Schwingungsfrequenz erhöhen kannst – etwa Deine Lieblingsmusik hören, draußen in schöner Natur joggen, Deine Katze streicheln, mit Deinem Hund spazieren gehen und dergleichen mehr. Das sind nur einige von vielen angenehmen Aktivitäten, mit denen Du eine Abnahme Deines Widerstandes und ein Anheben Deiner Schwingungen bewirken kannst. Für viele von Euch ist Autofahren der Zustand, bei dem Ihr der Ur-Kraft am nächsten seid, weil Eure Schwingungsfrequenz dabei besonders stark ansteigt. Das ist der Grund, warum es vergleichsweise wenig Verkehrsunfälle gibt. Der Rhythmus des Dahinrollens auf der Straße, die Ablenkung von den Problemen, mit denen Ihr Euch sonst ständig beschäftigt, und die Vorstellung, zu einem neuen Ziel unterwegs zu sein, bewirken, dass Ihr belastende Gedanken hinter Euch lasst.

Dein Ziel sollte darin bestehen, jeden Gedanken aufzugeben, der Widerstand hervorruft, sodass Du an einen Ort des reinen, positiven Denkens gelangst. Wenn es Dir nicht gelingt, Dein Bewusstsein komplett zur Ruhe zu bringen, ist das kein Problem – solange Dein Denken während der Meditation nicht um negative Dinge kreist. Wenn Du, während Du meditierst, in sanfter Weise über positive Dinge nachdenkst, kann das durchaus von Wert sein.

Zum Beispiel verbrachten Jerry und Esther vor einiger Zeit einen Tag mit einer befreundeten Familie. Anschließend lieferte ihnen dieses Erlebnis noch wochenlang Stoff für wohltuende Gedanken und Gespräche. Immer, wenn sie sich den Augenblick verschönern wollten, brauchten sie sich nur an diesen wunderbaren Tag zu erinnern – an etwas, das jemand von ihren Freunden gesagt hatte, an die Späße der Kinder, das herrliche Wetter, das köstliche Essen, den inspirierenden Waldspaziergang.

Es ist also gar nicht schwer, etwas zu finden, das reine, positive Energie ist. Wenn Du an Deine Haustiere denkst, kann das eine gute Quelle für positive Gedanken sein, denn Tiere sind so wunderbar bedingungslos in ihrer Liebe! *Finde einfach einen Gedanken, der sich gut anfühlt, wenn Du ihn denkst, und konzentriere Dich auf ihn, bis seine Schwingung Dich ganz erfüllt. Das wird zwangsläufig weitere Wohlfühl-Gedanken nach sich ziehen.*

Ein weiteres Beispiel für eine sinnvolle Meditations-Methode

Hier ist die Methode, die wir verwenden würden, wenn wir in Eurer physischen Haut stecken würden: Wir würden uns täglich für 10 bis 15 Minuten, aber nicht länger, an einen Ort zurückziehen, wo wir ungestört wären – vielleicht unter einem Baum, im Auto, vielleicht im Badezimmer oder dem Garten. Dort würden wir uns still hinsetzen und uns bemühen, unsere physischen Sinne weitgehend ruhig zu stellen. Das heißt, wir würden die Vorhänge zuziehen, wenn das Licht draußen zu hell ist. Wir würden die Augen schließen. Wir würden uns einen möglichst ruhigen Ort aussuchen.

Wir würden auf das Fließen des Atems in unserer Brust achten – bewusst ein- und ausatmen. Wir würden uns auf langsame, tiefe Atemzüge konzentrieren. Wir würden einatmen, und wenn wir das Gefühl haben, unsere Lunge sei voll, würden wir sanft noch etwas mehr Luft hereinholen. Dann, wenn unsere Lunge angenehm weit gefüllt und ausgedehnt ist, würden wir langsam, genussvoll ausatmen. Unser ganzes Bestreben wäre darauf gerichtet, einfach nur im gegenwärtigen Augenblick zu sein und unseren Atem zu beobachten, nichts zu tun, außer zu atmen – nicht das Frühstück vorbereiten, die Haare kämmen, darüber nachgrübeln, was andere Leute tun und lassen, nicht über Gestern nachdenken, sich nicht um den Morgen sorgen, sich mit nichts anderem beschäftigen als mit der Luft, die in uns einströmt und uns wieder verlässt.

Das ist ein Zustand der Offenheit und Empfänglichkeit, in dem Du für eine Weile aufhörst, zu organisieren und zu kontrollieren. Du hörst auf, irgendetwas herbeizuzwingen. Damit signalisierst Du der Ur-Kraft, Deinem *Inneren Sein*, Deinem GOTT (oder wie immer Du diese höchste Quelle nennen magst): *Hier bin ich – offen, empfangsbereit. Ich bin offen dafür, dass die Ursprungs-Energie mich rein und ungehindert durchströmen kann.*

Können 15 Minuten wirklich einen solchen Unterschied bewirken?

Ein großer Vorteil, der sich sehr schnell bemerkbar machen wird, ist es, dass die Dinge, die Du Dir schon lange wünschst, nun in Dein Leben strömen werden. »Warum geschieht das, Abraham?«, wunderst Du Dich vielleicht. »Schließlich habe ich während des Meditierens überhaupt keine Wünsche und Ziele formuliert, mich nicht gedanklich mit dem beschäftigt, was ich im Leben erreichen will. Ich habe dem Universum in der Meditation nicht gesagt, was ich mir wünsche. Wie können diese täglichen 15 Minuten, in denen ich einfach nur still dasitze, derartig die Dinge in Bewegung bringen?« Weil Du schon zuvor immer wieder an Deine Wünsche gedacht hast. Und jetzt, während der *Meditation*, gibst Du den inneren Widerstand auf, der zuvor der Erfüllung Deiner Wünsche im Weg stand. Indem Du *Meditation* praktizierst, öffnest Du Dich und lässt es zu, dass Deine Wünsche sich verwirklichen können.

Solange Du Teil dieser physischen Umwelt bist, werden immer neue Wünsche in Dir Gestalt annehmen – du kannst gar nicht anders. Und das Universum antwortet auf jeden Wunsch, der in Dir entsteht. Es genügt bereits, wenn Du täglich 15 Minuten lang *Offen-Sein* praktizierst, sei es, indem Du entspannt Deiner Katze das Fell kraulst, Dich auf Deinen Atem konzentrierst, dem Rauschen eines Wasserfalls oder angenehmer Musik lauschst oder die Methode 1, *Wertschätzung ausstrahlen*, anwendest. Durch die Schwingung, die Du in diesen Zeiten der Offenheit und Empfangsbereitschaft in Dir etablierst, wird der Widerstand aufgelöst, den Du zuvor bezüglich der Erfüllung Deiner Wünsche gehegt hast.

»Aber, Abraham, ich habe fünfzig Jahre lang ausgesprochen negativ gedacht. Wird es weitere fünfzig Jahre dauern, bis ich das alles aufgelöst und umgewandelt habe?« *Nein – 15 Minuten sollten genügen!*

»In nur 15 Minuten kann ich all die Negativität umwandeln, durch die ich mich bisher von der Erfüllung meiner Wünsche abgeschnitten habe?« *Du musst gar nichts umwandeln. Es genügt, wenn Du 15 Minuten lang offen bist, zulässt.*

»Aber was ist, wenn ich sehr starke Negativitäts-Muster entwickelt habe? Wie soll sich das in nur 15 Minuten verändern?« *Vermutlich wird es in der Tat etwas länger dauern. Doch wenn Du das nächste Mal einen dieser negativen Gedanken denkst, wirst Du Dir dessen schon viel klarer bewusst sein. Dein Emotionales Feedback-System wird stimuliert, sodass Du Dir – vielleicht zum ersten Mal – bewusst wirst, was Du mit Deiner nicht-physischen Energie anstellst.*

Das ist so wichtig, weil alles, was Dir oder den Menschen, die Du kennst, widerfährt, aufgrund der Energie geschieht, welche Du aktivierst und dann entweder frei fließen lässt oder blockierst. Letztlich ist alles eine Frage Eures Umgangs mit der Energie. Alles, was ein Mensch erlebt, wird von den durch seine Lebenserfahrungen in ihm geweckten Wünschen verursacht, und davon, in welche Maße er deren Erfüllung zulässt oder blockiert.

Was kann ich in dreißig Tagen erreichen?

Selbst wenn Dein Körper von den tödlichsten dem Menschen bekannten (und noch einigen unentdeckten) Krankheiten befallen wäre, könntest Du von einem Tag zum anderen vollständig genesen, wenn Du lernst, die Energie ungehindert fließen zu lassen. Wir empfehlen solche Quantensprünge nicht unbedingt, denn sie können sich ziemlich unbehaglich anfühlen. Was wir Dir aber empfehlen, ist es, dass Du jeden Tag selbstsüchtig genug sein solltest, Dir zu sagen: »Nichts ist wichtiger, als dass ich mich gut fühle. Und ich werde heute Wege finden, mich gut zu fühlen. Ich werde meinen Tag damit beginnen, dass ich meditiere und mich harmonisch auf meine Ur-Kraft einstimme. Während des Tages werde ich nach allem Ausschau halten, was ich wertschätzen kann, wodurch ich immer wieder bewusst Verbindung zur Ur-

Kraft-Energie aufnehme. Wenn es etwas zu loben gibt, dann werde ich es loben. Wenn ich das Gefühl habe, etwas kritisieren zu müssen, werde ich meinen Mund halten und versuchen zu meditieren. Wenn ich den Drang spüre, herumzukritisieren, werde ich stattdessen meiner Katze das Fell kraulen, bis dieser Drang wieder verschwunden ist.«

Innerhalb von nur dreißig Tagen kannst Du es ganz locker und ohne große Anstrengung schaffen, von einem der Menschen mit dem größten Widerstand auf diesem Planeten zu einem der Menschen mit dem *geringsten* Widerstand zu werden. Die Menschen in Deiner Umgebung werden verblüfft sein über die vielen neuen physischen Manifestationen, die sich dann in Deinem Leben ereignen werden.

Wir betrachten Dich gewissermaßen aus luftiger Höhe, und von hier oben sieht es so aus, als ob Du draußen vor einer verschlossenen Tür stehst. Hinter der Tür stapeln sich all die Dinge, die Du schon so lange herbeisehnst. Sie warten nur darauf, dass Du die Tür öffnest. Sie sind schon da, seit Du sie Dir zum ersten Mal gewünscht hast: Dein Partner oder Deine Partnerin, Dein perfekter Körper, Dein idealer Job, alles Geld, das Du Dir erträumst, alles, was Du immer schon haben wolltest! Kleine Dinge und große Dinge. Dinge, die Du als außergewöhnlich und überaus wichtig bezeichnen würdest, ebenso wie Dinge, die Dir weniger wichtig erscheinen – *alles, was Du Dir jemals gewünscht hast, wartet hinter dieser Tür auf Dich.*

Und in dem Moment, wenn Du die Tür öffnest, wird Dir alles, was Du Dir herbeiwünschst, zuteil. Und dann werden wir ein Seminar veranstalten zum Thema: »Wie geht man mit den Manifestationen all dieser Dinge um?«

Methode 7

Träume auswerten

Diese Methode solltest Du anwenden, wenn

- Du herausfinden möchtest, wie ein bestimmter Traum zu verstehen ist;
- Du erkennen möchtest, wie Dein gegenwärtiger Aufmerksamkeits-Fokus ist und was Du demnach gerade in Dein Leben ziehst – anders ausgedrückt: Du kannst erkennen, was Du gerade erschaffst, noch bevor es sich tatsächlich physisch manifestiert.

Gegenwärtige emotionale Bandbreite

Von der *Methode 7* wirst Du dann am meisten profitieren, wenn Dein gegenwärtiger Emotionaler Set-Point auf der Skala der Emotionen in folgendem Bereich liegt:

Von
(1), Freude/Wissen/Macht/Freiheit/Liebe/
Wertschätzung
bis

(22), Furcht/Trauer/Depression/Verzweiflung/ Ohnmacht

(Wenn Du Dir nicht sicher bist, was Dein gegenwärtiger Emotionaler Set-Point ist, schlage im Anhang nach. Dort findest Du die 22 Stufen der Emotionalen Feedback-Skala.)

Das, womit Du Dich gedanklich beschäftigst, und das, was sich in Deinem physischen Leben manifestiert, befindet sich stets in Schwingungs-Harmonie zueinander. Ebenso besteht auch Schwingungs-Harmonie zwischen dem, worüber Du nachdenkst, und dem, was sich in Deinen Träumen manifestiert.

Deine Manifestationen stehen immer in Harmonie zu Deinen vorherrschenden Gedanken. Hast Du diese absolute Übereinstimmung zwischen Deinen Gedanken, Deinen Gefühlen und dem, was sich als Deine physische Lebenserfahrung manifestiert, einmal begriffen, kannst Du alles, was sich in Deinem Leben künftig ereignen wird, sehr genau vorhersagen.

Es ist eine schöne Sache, wenn Du Dir Deiner Gedanken bewusst bist und deshalb bereits merkst, was Du zu erschaffen im Begriff bist, noch bevor es sich physisch manifestiert hat. Aber gleichfalls ist es von Wert, bei etwas, das sich bereits physisch manifestiert hat, zu erkennen, welche Gedanken zu dieser Manifestation geführt haben. Mit anderen Worten, Du bist in der Lage, eine bewusste Verbindung zwischen Deinen Gedanken, Gefühlen und Manifestationen herzustellen, und zwar *bevor* die Manifestation auftritt oder *nachdem* sie sich vollzogen hat. Beides ist hilfreich.

Alles, was Du träumst, passt immer zu den Gedanken, die Du zuvor gedacht hast. Und da deshalb jeder Deiner Träume in Wahrheit von Dir selbst erschaffen wurde, ist es Dir unmöglich, irgendetwas zu träumen, das Du nicht selbst durch Dein Denken erzeugt hast. Damit sich etwas in Deinen Träumen manifestieren kann, musst Du Dich mit diesem Gegenstand zuvor intensiv gedanklich beschäftigt haben.

Die Essenz dessen, was Du bezüglich der Dinge empfindest, mit denen Du Dich gedanklich vorwiegend beschäftigst, wird sich schließlich in Deiner physischen Lebenserfahrung manifestieren – aber im Traumzustand kann sie sich früher manifestieren, weil dafür weniger Zeit und Aufmerksamkeit erforderlich sind. Träume können daher von erheblichem Wert sein, weil sie Dir verdeutlichen, welche physische Realität Du gegenwärtig erschaffst. Wenn Du erkennst, dass Du dabei bist, etwas zu erschaffen, das Dir *nicht* gefällt, ist es viel leichter, die Richtung Deiner Gedanken zu verändern, *bevor* sie sich manifestiert haben, als im Nachhinein.

Deine Träume kannst Du auf folgende Weise auswerten: Vergegenwärtige Dir vor dem Einschlafen, dass Deine Träume Dein Denken sehr genau widerspiegeln. Sage Dir: *Es ist meine Absicht,* gut *und tief zu schlafen und bestens erholt aufzuwachen. Wenn ich etwas Wichtiges träume, werde ich mich nach dem Aufwachen genau daran erinnern.*

Bleibe nach dem Aufwachen noch ein paar Minuten liegen und frage Dich: *Erinnere ich mich an etwas aus dem Traumzustand?* Zwar kann es auch während des Tages vorkommen, dass Du Dich an Aspekte aus Deinen Träumen erinnerst, aber unmittelbar nach dem Aufwachen ist die Erinnerung meistens am deutlichsten und frischesten. Während Du Dich an einen Deiner Träume erinnerst, solltest Du Dich entspannen und Dich zu erinnern versuchen, wie Du Dich während des Traumes *gefühlt* hast. Dich an Deine Gefühle zu erinnern, wird Dir noch wertvollere Informationen liefern als die genaue Erinnerung an alle Details des Traumes.

Du musst einem Gegenstand ziemlich viel Aufmerksamkeit widmen, damit er sich in Deiner physischen Erfahrung manifestiert. Damit sich etwas in Deinem Traumerleben manifestiert, musst Du ihm nicht ganz so viel Aufmerksamkeit widmen, aber doch schon eine ganze Menge. Aus diesem Grund sind Deine wichtigeren, bedeutsamen Träume immer von starken Emotionen begleitet. Diese Emotionen können sich gut oder schlecht anfühlen – aber sie werden immer stark genug sein, sodass Du das Gefühl klar und deutlich wahrnimmst und erkennst.

»Wie habe ich mich gefühlt, als das passierte?« Bist Du aus einem Traum erwacht, der sich gut anfühlte, kannst Du sicher sein, dass Deine vorherrschenden Gedanken bezüglich dieses Themas *wünschenswerte* Manifestationen nach sich ziehen werden. Erwachst Du dagegen aus einem sich unangenehm anfühlenden Traum, zeigt Dir das an, dass Deine vorherrschenden Gedanken in dieser Angelegenheit, wenn Du sie nicht änderst, etwas in Dein Leben ziehen werden, das unangenehm und *nicht* wünschenswert ist. Doch in welchem Stadium sich diese Manifestation auch immer befinden mag, Du kannst jederzeit neu entscheiden und die Manifestation positiv verändern.

Es ist doch wirklich viel schöner und erfüllender, wenn Du Dir bewusst angenehme Erfahrungsszenarios erschaffst, als durch Nachlässigkeit und Unachtsamkeit Manifestationen zuzulassen, die unerfreulich und unerwünscht sind – und dann im Nachhinein zu versuchen, diese unangenehmen Resultate Deines negativen Denkens zu reparieren. Hat sich etwas Unerfreuliches erst einmal manifestiert, musst Du Dich mit einem Problem herumschlagen, auf das wir schon öfter hingewiesen haben: Ihr alle neigt dazu, Euch von der Wahrnehmung manifestierter Phänomene hypnotisieren zu lassen und bloß noch emotional auf das Unerwünschte zu reagieren, statt kreativ positive Gedanken zu denken. Dementsprechend schwerer fällt es Euch, unerfreuliche Phänomene schöpferisch zu verändern, wenn sie sich bereits physisch manifestiert haben.

Deine Träume offenbaren Dir auf wunderbare Weise, wie Du Dich wirklich fühlst und welche Erfahrungen Du Dir gegenwärtig erschaffst. Sobald Du Dir dessen bewusst bist, kannst Du Dein Denken gezielt verändern und Dir so angenehmere Traumerlebnisse verschaffen. Und sobald Deine Träume sich positiv verändern, weißt Du, dass Du Dich auf dem richtigen Weg zu positiveren Lebenserfahrungen befindest.

Wenn Du aus einem unangenehmen Traum erwachst, mache Dir keine Sorgen. Freu Dich stattdessen über die Gelegenheit, Dir einer unerwünschten Sache bewusst zu werden. Du solltest das genauso wertschätzen wie die Nervenzellen in Deiner Haut, die Dich warnen, wenn Du dem Feuer oder einer heißen Herdplatte zu nahe kommst. Deine Emotionen warnen Dich in gleicher Weise vor Gedanken, die unerfreuliche Manifestationen nach sich ziehen.

Träume selbst sind nicht kreativ, im Traumzustand erschaffst Du nichts. Ein Traum ist lediglich eine Manifestation dessen, was Du zuvor im Wachzustand gedacht hast. Was Du allerdings nach dem Er-

wachen über den Traum denkst oder anderen gegenüber artikulierst, wirkt sich sehr wohl auf Deine zukünftigen Lebenserfahrungen aus.

Es ist hilfreich, ein Traumtagebuch zu führen, aber dabei solltest Du nicht zuviel Mühe auf die Details verschwenden. Notiere Dir, wo der Traum spielte, welche Charaktere darin vorkamen, was Du selbst in dem Traum getan hast, was andere Personen getan haben und, das ist besonders wichtig: wie Du Dich in dem Traum *gefühlt* hast.

Es kann sein, dass Du in einem Traum mehr als eine Emotion durchlebst, aber diese Emotionen werden sich meist nicht sehr stark voneinander unterscheiden. Zum Beispiel könntest Du nicht innerhalb desselben Traumes Ekstase und Wut empfinden, weil die Schwingungsfrequenzen dieser beiden Emotionen sich zu stark unterscheiden. Hast Du einmal identifiziert, wie der Traum sich anfühlte, und möchtest nun etwas unternehmen, um diese Emotion zu ändern oder zu verbessern, empfehlen wir Dir die Methode 22, *Aufwärts auf der Emotionalen Skala*.

Abraham, verrate uns noch mehr über die *Traum-Auswertung*

Träume ermöglichen Dir einen ausgezeichneten Einblick in Deinen momentanen Schwingungszustand. Die Erinnerung an einen Traum ist die physische Übersetzung von nicht physischen Gedankenblöcken, mit denen Du während des Traumzustandes interagiert hast. Wenn Du schläfst, tauchst Du in die Energie des Nicht-Physischen ein und hast dort Kommunikationen (keine verbalen, sondern Kommunikationen auf der Schwingungsebene). Nach dem Aufwachen übersetzt Du diesen Gedankenblock zurück in seine physische Entsprechung.

Manchmal, wenn Du Dir etwas schon lange wünschst, aber keinen Weg siehst, wie dieser Wunsch in Erfüllung gehen könnte, erlebst Du die Erfüllung des Wunsches irgendwann in einem Traum. Und dann, bei der angenehmen Erinnerung an diesen Traum, reduzierst Du Deinen inneren Widerstand so weit, dass der Wunsch sich auch auf der physischen Ebene verwirklichen kann.

Vor vielen Jahren, bevor sie ein Paar wurden, kannten Jerry und Esther sich bereits durch die gemeinsame Arbeit an einem geschäftlichen Projekt. Damals empfanden sie gegenseitige Wertschätzung, es waren jedoch noch keine romantischen Gefühle im Spiel, weil keiner von beiden sich das damals gestattete.

Eines Nachts träumte Esther dann, dass Jerry (sie sah ihn im Traum klar und deutlich vor sich) sich neben ihr Bett kniete und sie auf die Wange küsste, ganz ähnlich wie ein Prinz aus den Märchen ihrer Kindheit. Als seine Lippen ihr Gesicht berührten, durchströmte sie ein außergewöhnliches Gefühl – eine unbeschreibliche Freude, eine Gewissheit, dass alles sich auf gute Weise entwickeln würde. Nie zuvor hatte sie ein solches Gefühl erlebt, weder im Traum noch im Wachzustand. Nach dem Aufwachen ging ihr der Traum nicht mehr aus dem Kopf. Nie wieder konnte sie von da an über Jerry so denken wie vor diesem Traum. Das Gefühl in dem Traum war so wunderbar gewesen, dass sie versuchte, ihn immer wieder zu träumen, und wenn das nicht möglich war, versuchte sie, sich so gut wie möglich an alle Einzelheiten zu erinnern, um das Gefühl erneut zu erleben. Diese Schwingung war der Katalysator, der die beiden ein Paar werden ließ.

Esther hatte Dinge gedacht wie: *Ich möchte von jetzt an ein glückliches Leben führen. Ich wünsche mir einen Partner, der mich wirklich liebt und wertschätzt. Ich wünsche mir Freude und Erfüllung in allen Lebensbereichen.* Esthers tatsächliches Leben war zu jenem Zeitpunkt noch ziemlich weit von solch erfreulichen Zuständen entfernt. Doch jedes Mal, wenn sie an diese Dinge dachte, hörte ihr *Inneres Sein* ihre Wünsche und übermittelte ihr etwas, das sichtbar und fühlbar genug war, damit sie es nicht mehr vergaß – etwas, das stark genug war, um sie immer wieder zu diesen positiven Gedanken zurückkehren zu lassen. Und als sie dann Energie in diese Richtung fließen ließ – da wurde ihr Leben wirklich produktiv und schön!

Träume – »Sneak Previews« Deiner Zukunft

Es ist gut möglich, dass Du Dir Dinge wünscht, die Du in Deinem bisherigen Leben noch nicht kennen gelernt hast ... zum Beispiel wünschst Du Dir vielleicht völlige Gesundheit, obwohl Du bislang immer kränklich warst. Oder Du wünscht Dir Wohlstand, obwohl Du noch nie wohlhabend warst. Oder Du wünschst Dir eine glückliche Liebesbeziehung, hattest aber bisher noch nie Glück in der Liebe. In diesem Fall solltest Du mit Deinem *Inneren Sein* sprechen und ihm sagen, *was* Du Dir wünschst und *warum* Du es Dir wünscht. Dann kann Dein *Inneres Sein* Dir im Traumzustand Bilder übermitteln, in die Du dann

Energie einfließen lassen kannst. Dadurch wird sich Dein Schwingungszustand in der von Dir gewünschten Weise verändern. Und dann bringt das *Gesetz der Anziehung* das, was Du herbeisehnst, in Dein Leben.

Deine Träume sind Manifestationen deines schwingungsmäßigen Aufmerksamkeits-Fokus. Deshalb kannst Du an Deinen Träumen erkennen, wie es wirklich um Deine Schwingungen bestellt ist. So, wie Du bei einer »Sneak Preview« im Kino Gelegenheit bekommst, einen Film vorab zu sehen, der offiziell erst später anläuft, sind auch Deine Träume »Sneak Previews«. Sie lassen Dich vorab sehen, welche Manifestationen zu erwarten sind, wenn Du Deine momentane gedankliche und emotionale Ausrichtung beibehältst. Wenn Du also das, was Dir in einem Traum gezeigt wird, nicht real erleben möchtest, solltest Du dringend Deinen Aufmerksamkeits-Fokus positiv verändern und Deine Schwingungen anheben.

Vielleicht bist Du, aufgrund schlechter Einflüsse aus Deiner Umgebung, gegenwärtig dabei, durch negatives Denken Energie in Richtung finanzieller Bankrott, Krankheit und anderer unerfreulicher Phänomene fließen zu lassen. Dein *Inneres Sein* erkennt, dass Du dabei bist, künftige unangenehme Erfahrungen heraufzubeschwören, und so schickt es Dir einen Traum, der Dir zeigt, wo die Reise hingeht, wenn Du Deinen momentanen Kurs beibehältst. Dann wachst Du auf und sagst Dir: *Oh, also das will ich nun wirklich nicht!* Und dann sagst Du: *Was will ich denn wirklich? Und warum will ich es?* Und Du beginnst, in produktiver Weise Deine Energie auf das zu lenken, was Du Dir wirklich von Herzen wünschst, und so änderst Du Deine Zukunft zum Besseren.

Methode 8

Das Buch der positiven Aspekte

Diese Methode solltest Du anwenden, wenn

- Dich in Reaktion auf einen positiven Gedanken, auf den Du Dich konzentriert hast, positive Emotionen durchströmen und Du noch länger auf dieser Wohlfühl-Welle reiten möchtest;
- Du merkst, dass eine Angelegenheit, die Deine dringende Aufmerksamkeit erfordert, sich nicht gut anfühlt, und Du Deine Schwingung bezüglich dieses Themas verbessern möchtest;
- die meisten Themen, mit denen Du Dich gedanklich beschäftigst, sich gut anfühlen, es aber noch immer ein paar hartnäckig unangenehme Dinge gibt, die Du positiv verändern möchtest.

Gegenwärtige emotionale Bandbreite

Von der *Methode 8* wirst Du dann am meisten profitieren, wenn Dein gegenwärtiger Emotionaler Set-Point auf der Skala der Emotionen in folgendem Bereich liegt:

Von
(1), Freude/Wissen/Macht/Freiheit/Liebe/
Wertschätzung
bis
(10), Frustration/Irritation/Ungeduld

(Wenn Du Dir nicht sicher bist, was Dein gegenwärtiger Emotionaler Set-Point ist, schlage im Anhang nach. Dort findest Du die 22 Stufen der Emotionalen Feedback-Skala.)

Für die *Methode 8* brauchst Du ein Notizbuch. Wähle eines mit guter Papierqualität aus, das sich gut anfühlt, wenn Du es in der Hand hältst, sodass es eine Freude ist, darin zu schreiben.

Das Praktizieren dieser Methode wird Dir helfen, Deine Konzentration zu verbessern. Damit wird eine größere Klarheit einhergehen und ein intensives Gefühl der Lebendigkeit.

Auf das Deckblatt des Notizbuches schreibst Du: *Mein Buch der positiven Aspekte.*

Am ersten Tag solltest Du Dir für diese neue Methode mindestens zwanzig Minuten Zeit nehmen, aber danach genügen auch kürzere Zeiteinheiten. Aber vielleicht findest Du die Methode so lohnend, dass Du sogar noch mehr Zeit damit verbringen möchtest.

Schreibe als Nächstes oben auf die erste Seite Deines Notizbuches den Namen oder eine kurze Beschreibung eines Menschen oder eines Gegenstandes, dem gegenüber Du ausschließlich positive Gefühle hegst. Das könnte der Name Deiner geliebten Katze sein, Deine beste Freundin, aber auch jemand, in den du verliebt bist. Es kann aber auch der Name Deiner Heimatstadt oder Deines Lieblingsrestaurants sein.

Stelle Dir dabei folgende Fragen: *Was mag ich so an dir? Warum liebe ich dich so? Was sind deine positiven Aspekte?*

Schreibe nun die Gedanken auf, die sich als Antwort auf diese Fragen einstellen. Versuche nicht, etwas zu erzwingen, sondern schreibe nur das auf, was Dir ganz leicht und spontan in den Sinn kommt. Schreibe, solange Dir Antworten zufließen. Lies dann, was Du geschrieben hast, und freue Dich an Deinen Worten.

Blättere nun zur zweiten Seite weiter, schreibe eine weitere Person oder Sache auf, die in Dir positive Gefühle weckt. Wiederhole das, bis die zwanzig Minuten um sind.

Du wirst feststellen – oft schon während der ersten Sitzung –, dass diese Methode in Dir eine so machtvolle Schwingung der Wertschätzung und des Wohl-Seins aktiviert, dass dir immer mehr Menschen und Dinge einfallen werden, die Du in Dein *Buch der positiven Aspekte* aufnehmen möchtest. Schreibe sie alle auf. Wenn Du kannst, stelle Dir jeweils die Fragen: *Was mag ich so an dir? Warum liebe ich dich so? Was sind deine positiven Aspekte?* Falls Du dafür nicht genug Zeit hast, notiere Dir nur die Person oder Sache auf einer leeren Seite und schreibe die Antworten am nächsten Tag auf.

Je mehr positive Aspekte Du suchst, desto mehr wirst Du finden. Und je mehr Du findest, desto mehr wirst Du suchen. Dabei wirst Du in Dir eine hohe Schwingung des Wohl-Seins aktivieren (dein wahres Sein), und Du wirst Dich wunderbar fühlen. Es kommt noch besser: Da Du diese Übung gern und oft machen wirst, wird diese Schwingung schon bald zu Deiner dominanten Schwingung werden. Dann werden alle Aspekte Deiner Lebenserfahrung beginnen, diese höhere Schwingung widerzuspiegeln.

Wenn Du Dein Notizbuch vollgeschrieben hast, wirst Du Dir vermutlich rasch ein neues kaufen, denn diese Art der Schreibübung besitzt eine wirklich machtvolle Wirkung. Sie verhilft Dir zu einem wahrhaft positiven Wohlfühl-Fokus! Du verbindest Dich hervorragend mit Deiner Ur-Kraft, der Quelle aller Energie, wenn Du Dich gedanklich mit Dingen beschäftigst, die sich rundum gut anfühlen, während Du sie aufschreibst.

Diese Methode hat viele Vorzüge: Du wirst Dich wunderbar fühlen, während Du sie praktizierst. Dein Aufmerksamkeits-Fokus und somit auch Deine Schwingungsfrequenz werden sich in jedem Fall verbessern, egal wie gut oder schlecht es momentan um sie bestellt ist. Deine Beziehung zu jeder der Personen oder Sachen, über die Du schreibst, wird noch reicher und befriedigender werden – und das *Gesetz der Anziehung* wird Dir noch mehr wunderbare Menschen, Orte, Erfahrungen und Dinge in Dein Leben bringen.

Abraham, verrate uns noch mehr über das *Buch der positiven Aspekte*

Stelle Dir eine wunderschöne Stadt vor. Keine große Stadt, aber eine perfekte Stadt. Der Verkehr fließt angenehm und staufrei. Es gibt schöne Sehenswürdigkeiten. In dieser Stadt zu wohnen und zu arbeiten ist eine wunderbare Erfahrung. Wenn Du über diese Stadt, die wir hier beschreiben, nachdenkst, überlegst Du Dir vielleicht: *Herrlich, dort würde ich gern glücklich und zufrieden mein ganzes Leben verbringen!* Oh, aber da ist eine Sache, die zu erwähnen wir vergessen haben: *Auf der Sixth Avenue gibt es ein ziemlich tiefes Schlagloch.*

Nun, wenn Du Dich auf die positiven Aspekte dieser Stadt konzentrierst, könntest Du dort zweifellos glücklich und zufrieden dein ganzes Leben verbringen. Den meisten Menschen wurde jedoch im Elternhaus und der Schule nie vermittelt, sich auf die positiven Aspekte ihres Lebens zu konzentrieren. Stattdessen trafen sie ständig auf Erwachsene, die sich über das Problem auf der Sixth Avenue beschwerten und ihre ganze Umgebung vor diesem grässlichen Schlagloch warnten. Wegen dieser negativen Orientierung, die sie in der Kindheit gelernt haben, sind die meisten von Euch ständig auf der Suche nach möglichen Schlaglöchern, statt ihr Augenmerk auf das Positive zu richten.

Nehmen wir an, bei einer Frau wird eine tödliche Krankheit diagnostiziert. Ihr Arzt hat ihr Todesurteil verkündet. Und doch ist der größte Teil ihres Körpers, über 99 Prozent davon, wie diese magische Stadt – er funktioniert bestens. An allen Verkehrsadern fließt der Verkehr frei und ungehindert. Nur weil der Arzt ihr Augenmerk darauf gelenkt hat, wird diese Frau nun ihre ganze Aufmerksamkeit dem »Schlagloch« widmen – und so kann dieses Loch schließlich ihre ganze Stadt auffressen.

Lenke Deine Aufmerksamkeit nicht auf die Schlaglöcher

»Wenn ich mich auf das konzentriere, was ich mir wünsche, fühle ich mich gut. Wenn ich mich auf das konzentriere, was ich mir nicht wünsche, werde ich mich schlecht fühlen.«

Verfolgen wir diese Sache noch etwas weiter. Kannst Du Dich auf mehrere Dinge gleichzeitig konzentrieren? Das kannst Du nicht. Kannst Du gleichzeitig mehrere verschiedene Gefühle empfinden? Kannst Du Dich gleichzeitig gut und schlecht fühlen? Nein, das kannst Du nicht. Ist es daher nicht logisch – und in völliger Übereinstimmung mit dem *Gesetz der Anziehung* –, dass Du Dich nicht gleichzeitig auf das konzentrieren kannst, was Du Dir wünscht, und auf das, was Du Dir *nicht* wünschst? *Wenn Du Dich auf das konzentrierst, was Du Dir wünschst, fühlst Du Dich gut; wenn Du Dich auf das konzentrierst, was Du Dir nicht wünschst, fühlst Du Dich schlecht; wenn Du Dich gut fühlst, ziehst Du positive Dinge in Dein Leben, wenn Du Dich dagegen schlecht fühlst, ziehst Du negative Dinge in Dein Leben. Sollte es daher nicht Dein vordringliches Ziel sein, nach den positiven Aspekten aller Dinge zu suchen, nach dem, was Dich inspiriert und positiv stimmt – statt Deine Aufmerksamkeit auf die Schlaglöcher zu richten?*

Wenn unsere physischen Freunde zum ersten Mal von der *Bewussten Schöpfung* hören, fangen sie manchmal an, sich große Sorgen zu machen. Sie fürchten, dass jeder negative Gedanke, den sie denken, hinaus in den Kosmos ausstrahlen und irgendein Monster in ihren Erfahrungsbereich locken wird. Diese Angst möchten wir Dir nehmen, indem wir

Dich darauf hinweisen, dass Deine Lebenserfahrung sich aus der Gesamtheit Deiner Gedanken formt. Du musst Dich also schon längere Zeit und sehr intensiv gedanklich mit einer Sache beschäftigen, ehe sie sich in Deinem Leben physisch manifestieren kann. Aber Du lebst in einer Gesellschaft, in der vor allem das Kritisieren geübt wird und man mit Vorliebe das Augenmerk auf alles Negative richtet. Daher neigst Du vermutlich wie viele Deiner Mitmenschen dazu, Dir Sorgen zu machen, statt Dich in erster Linie auf das Gute zu konzentrieren.

Wir möchten Dich dazu ermutigen, mehr von Deiner Aufmerksamkeit den Dingen zu widmen, die bewirken, dass Du Dich gut fühlst. Das ist nicht in einem so radikalen Sinne zu verstehen, dass Du jeden Deiner Gedanken kontrollieren sollst. *Entscheide Dich einfach bewusst dafür, vor allem nach dem Ausschau zu halten, was Dir Freude macht.* Das ist keine schwierige Entscheidung, aber im Hinblick darauf, welche Art von Erfahrungen Du in Dein Leben einlädst, macht sie einen großen Unterschied.

Richte Deine Aufmerksamkeit auf das, was sich gut anfühlt

Wenn etwas Bestandteil der äußeren Realität ist, scheint es Deine Aufmerksamkeit zu verdienen. »Schließlich ist es real und wahr. Sollte ich es nicht dokumentieren? Sollte ich es nicht zählen? Sollte ich keine Statistiken darüber führen? Sollte ich anderen nicht davon erzählen? Sollte ich meine Kinder nicht davor warnen?«

Wozu Dingen Energie zuführen und sie an die große

Glocke hängen, obwohl Du sie gar nicht haben willst? Wenn etwas Unerwünschtes real ist, wozu dann diese Realität zusätzlich stärken und verfestigen? Warum schaust Du nicht lieber im großen Datenspeicher der Schöpfung nach und suchst Dir die Realitäten aus, die Du gern reproduzieren möchtest, weil sie erfreulich und angenehm sind? Darauf gebt Ihr Menschen leider oft eine Antwort, die zu nichts Gutem führt. Ihr sagt: »Wir tun das, weil die Wirklichkeit nun einmal so ist, wie sie ist. Wir tun es, weil andere es ebenso gemacht haben.«

Würden wir in Eurer physischen Haut stecken, würden wir niemals die äußere Realität zur Grundlage unserer Wahrnehmung machen. Wir würden stattdessen unser Augenmerk auf die *Gefühlsschwingungen* dieser Realität richten, also darauf, wie das, was wir wahrnehmen, sich anfühlt. Wir würden uns sagen: »Wenn sich etwas gut anfühlt, widme ich ihm meine ganze Aufmerksamkeit. Fühlt sich etwas nicht gut an, schaue ich es mir überhaupt nicht an.«

Wenn Du den Leuten diese Vorgehensweise empfiehlst, werden die meisten von ihnen erwidern: »Das ist Traumtänzerei! Du musst dich der Wirklichkeit stellen.« Dann antworte Du: »Aber ich stelle mich ununterbrochen der Wirklichkeit! Ich bin nur dazu übergegangen, diese Wirklichkeit gezielter auszuwählen. Ich habe erkannt, dass jede Realität, die ich wahrnehme, jede Realität, über die ich nachdenke oder über die ich spreche, jede Realität, über die ich Statistiken anlege oder mit der ich mich in irgendeiner Form länger beschäftige, zu meiner eigenen Realität wird. Doch ich weiß jetzt, dass ich selbst Realitäten erschaffen kann, und darum bin ich im Hinblick auf die Realitäten, die ich in meinem Leben akzeptiere, viel wählerischer als früher. Ich weiß, dass ich selbst wählen und entscheiden kann, welche Realitäten ich mir erschaffe.«

Oh, wie gern wir Dir das sagen! Du bist ein Schöpfer, Ihr alle seid Schöpfer, und Ihr könnt alles erschaffen, was Ihr Euch wünscht, aber das kann man noch besser formulieren: *Du kannst und wirst alles erschaffen, dem Du Deine konzentrierte Aufmerksamkeit widmest.*

Überall, wo Du hingehst, erwartest Du Dich bereits

Jerry und Esther veranstalteten häufiger Seminare in einem Hotel in Austin, Texas. Dort schien man ihr Kommen regelmäßig zu vergessen. Obwohl Verträge für die Anmietung des Seminarraums ausgefüllt waren und Esther am Anreisetag stets noch einmal anrief, um sich zu vergewissern, dass alles in Ordnung war, wirkte die freundliche junge Dame an der Rezeption jedes Mal völlig überrascht, wenn Jerry und Esther eintrafen. Dann musste immer in großer Eile alles hergerichtet werden, damit das Seminar doch noch stattfinden konnte. Esther sagte zu uns: »Vielleicht sollten wir uns nach einem anderen Hotel umsehen.« Und wir erwiderten, das sei eine Möglichkeit, die Sache anzugehen. Andererseits gilt aber: *Wo immer Du hingehst, nimmst Du stets Deine Denkgewohnheiten und Schwingungsmuster mit und wirst die dementsprechenden Erfahrungen machen.*

Wir empfahlen Esther und Jerry daher, sich ein Notizbuch zu kaufen und auf die Titelseite in großen, kräftigen Lettern zu schreiben: *Unser Buch der posi-*

tiven Aspekte. Dann sollten sie die erste Seite aufschlagen und schreiben: *Positive Aspekte des Southpark Hotel in Austin.* Also begann Esther zu schreiben: »Es ist ein sehr schönes Anwesen. Die Lage ist sehr günstig – nahe bei der Autobahn und einfach zu finden. Der Parkplatz ist ausreichend groß und gut erreichbar. Unser Zimmer ist stets gepflegt und sauber. Es gibt viele Konferenzräume unterschiedlicher Größe, sodass wir immer den passenden für unser Seminar finden. …«

Während sie diese Dinge aufschrieb, fragte sie sich zunehmend, warum sie überhaupt in Erwägung gezogen hatte, das Hotel zu wechseln. Mit anderen Worten, sie richtete ihre Aufmerksamkeit auf die positiven Aspekte. Dadurch entwickelte sie so positive Gefühle bezüglich dieses Hotels, dass sie dort (das wissen wir mit Sicherheit) niemals negative Erfahrungen machen kann. Indem sie die positiven Aspekte des Hotels in ihr Notizbuch schrieb, wandte sie ihre Aufmerksamkeit von dem einzigen »Schlagloch« ab (den manchmal etwas vergesslichen Leuten an der Rezeption).

Ist es Inspiration oder ist es Motivation?

Es gibt zwei mögliche Sichtweisen: *Wenn ich dies und das tue, werden diese und jene positiven Dinge geschehen.* Oder: *Wenn ich dies und das nicht tue, werden diese und jene unerfreulichen Dinge geschehen.* Bei der ersten Sichtweise sind es positive Gefühle, die Dich zum Handeln *inspirieren.* Bei der zweiten Sichtweise bist Du durch negative Gefühle *motiviert.*

Dein *Buch der positiven Aspekte* wird Dich – durch die positiven Gefühle, die es in Dir weckt – mehr und mehr in die Lage versetzen, alles, was Du Dir wünschst, in Dein Leben zu ziehen.

METHODE 9

Drehbücher schreiben

Diese Methode solltest Du anwenden, wenn

- Du Dich generell gut fühlst und spezifische Details Deiner Lebenserfahrung schöpferisch gestalten möchtest;
- Du erleben möchtest, wie aufregend es ist, spezifische Dinge auszuwählen und aufzuschreiben, die Du gern erleben möchtest, und dann zu beobachten, wie das Universum Deine »Bestellung« präzise ausführt;
- Du die Macht Deines gezielten, konzentrierten Denkens bewusst erfahren möchtest.

Gegenwärtige emotionale Bandbreite

Von der *Methode 9* wirst Du dann am meisten profitieren, wenn Dein gegenwärtiger Emotionaler Set-Point auf der Skala der Emotionen in folgendem Bereich liegt:

Von
(2), Leidenschaft
bis
(6), Hoffnung

(Wenn Du Dir nicht sicher bist, was Dein gegenwärtiger Emotionaler Set-Point ist, schlage im Anhang nach. Dort findest Du die 22 Stufen der Emotionalen Feedback-Skala.)

Eines Abends schaltete Esther den Fernseher ein. Es lief gerade ein sehr fesselnder Spielfilm, von dem sie aber den Anfang verpasst hatte. In diesem Film entdeckt ein ziemlich erfolgloser Drehbuchautor, dass seine Schreibmaschine offenbar magische Eigenschaften besitzt. Jedes Mal, wenn er sich neue Szenen und Dialoge ausdenkt und sie aufschreibt, ereignen sie sich noch am gleichen Tag in seinem eigenen Leben! Wenn sich also eine Situation nicht so entwickelte, wie er es sich wünschte, setzte er sich an seine Schreibmaschine und schrieb eine verbesserte Version, die sich dann prompt in seinem Leben verwirklichte.

Als Esther sich diesen Film anschaute, sagten wir zu ihr: »Genau so funktioniert es tatsächlich. Wenn du dich klar auf deine Wünsche konzentrierst und keine ihnen entgegenstehenden, Widerstand hervorrufenden Schwingungen ausstrahlst, werden diese Wünsche sich unfehlbar verwirklichen. Wenn du um etwas bittest, wird diese Bitte immer erhört – ohne Ausnahme.« Wenn einer Deiner Wünsche nicht in Erfüllung geht, gibt es dafür nur eine mögliche Ursache: Du selbst verhinderst die Verwirklichung des Wunsches, indem Du immer wieder Gedanken denkst, die in Widerspruch zu Deinem Wunsch stehen. Das ist der einzige Hinderungsgrund, der einer Erfüllung Deiner Träume im Weg steht.

Hier setzt die Methode 9, *Drehbücher schreiben*, an: Stelle Dir vor, Du wärst Drehbuchautor und alles, was Du aufschreibst, wird exakt so verwirklicht, wie Du es Dir ausgedacht hast. Deine einzige Aufgabe ist es, in allen Einzelheiten genau aufzuschreiben, was Du in welcher Weise verwirklicht sehen möchtest.

Du solltest diese Sache nicht zu ernst nehmen. Gehe sie spielerisch an, sodass sie Dir Spaß macht. Damit reduzierst Du die Wahrscheinlichkeit, dass irgendwelche Deiner behindernden, einschränkenden Glaubenssätze aktiviert werden. Mit anderen Worten, indem Du so tust, als seien Deine Schreibmaschine, Dein Computer oder Notebook magisch und als könne alles, was Du damit aufschreibst, sich haargenau verwirklichen, schaffst Du jene beiden Grundvoraussetzungen, die bei jeder *Bewussten Schöpfung* unerlässlich sind: Du lenkst Deine Aufmerksamkeit gezielt in die gewünschte Richtung und Du strahlst keine Widerstands-Schwingungen aus.

Diese Methode wird Dir helfen, Deine Wünsche genauer auszuformulieren und Dir darüber klar zu werden, was genau Du wirklich willst. Das ist eine sehr machtvolle Erfahrung. Je länger Du Dich auf einen Gegenstand konzentrierst, desto schneller bewegt sich die Energie. Mit etwas Übung wirst Du die Schwungkraft, die Deine Wünsche entfalten, regelrecht spüren können. Du wirst dann spüren, wie die Kräfte des Universums zusammenwirken, um Deinen Wunsch Wirklichkeit werden zu lassen. Oft wirst Du an Deinem Gefühlszustand ablesen können, ob gerade aufregende Durchbrüche oder Manifestationen bevorstehen.

Weil Du spielerisch an diese Methode herangehst, ist es weniger wahrscheinlich, dass sich Zweifel und Skepsis einschleichen und Deine Schwingungen beeinträchtigen. Behältst Du eine leichte, verspielte Haltung bei, wirst Du die Konzentration auf deine Wünsche aufrechterhalten können, ohne gleichzeitig starke innere Widerstände aufzubauen. Dann befindest Du Dich in der perfekten inneren Harmonie, um Deine kühnsten Träume Wirklichkeit werden zu lassen.

Wenn du dieses Drehbuch-Spiel oft spielst und Freude dabei hast, wirst Du voller Staunen erleben, welche machtvollen Veränderungen sich damit bewirken lassen. Als wärst Du der Regisseur deines eigenen Kinofilms oder Theaterstücks, werden sich die Dinge, die Du in Deine Drehbücher hineinschreibst, präzise in Deinem Leben verwirklichen. Und wenn jemand in Deiner Umgebung genau die Sätze sagt, die Du zuvor in Dein Drehbuch hineingeschrieben hast, erkennst Du, wie groß die Macht Deiner bewussten, konzentrierten Absicht ist.

Ihr alle seid die Autorinnen und Autoren Eures individuellen Lebens-Drehbuches – und jede andere Person in Eurem Universum spielt die Rolle, die Ihr für sie darin vorgesehen habt. Durch das Ausstrahlen der entsprechenden Schwingungsmuster könnt Ihr Euch jedes gewünschte Drehbuch für Euer Leben schreiben, und das Universum wird Euch alle Menschen, Orte, Dinge und Ereignisse genauso in Euren Erfahrungsbereich bringen, wie es Euren Wünschen entspricht. Denn Ihr seid die Schöpfer Eurer eigenen Erfahrung – Ihr müsst nur wählen und dann die Verwirklichung des von Euch Gewählten und Gewünschten zulassen.

Abraham, verrate uns noch mehr über das *Schreiben von Lebens-Drehbüchern*

Das *Drehbuchschreiben* ist eine Methode, die Euch dabei hilft, dem Universum mitzuteilen, wie es für Euch sein soll. Wenn Ihr Euch bereits in Schwingungs-Harmonie mit Euren Wünschen befindet, wird Euch das kaum entgehen, denn dann haben sich diese Wünsche längst in Eurem Leben verwirklicht. Aber wenn es etwas gibt, das Ihr Euch wünscht, das aber noch nicht in Erfüllung gegangen ist, könnt ihr das Drehbuchschreiben anwenden, um die Angelegenheit zu beschleunigen. Es wird Euch helfen, die Gewohnheit abzulegen, über die Dinge so zu sprechen, wie sie sind, statt wie Ihr sie Euch wünscht. Ihr lernt, Eure Aufmerksamkeit vom Ist-Zustand auf das zu lenken, was Ihr Euch stattdessen wünscht. So strahlt Ihr bewusst eine andere Schwingung ins Universum aus.

Schreibe Dir das Drehbuch für das Leben, das Du gern führen möchtest

Lege zunächst fest, dass Du selbst die Hauptperson Deines Lebens bist. Identifiziere dann die anderen wichtigen Charaktere. Zum Schluss entwickle die Handlung. (Es ist, vor allem am Anfang, am besten, wenn Du alles aufschreibst, denn das Schreiben hilft Dir, Dich zu konzentrieren. Später genügt es, Dir Dein Drehbuch gedanklich zu vergegenwärtigen. Du musst es nicht immer wieder von neuem aufschreiben.)

Eine Frau, die bei einem Seminar mit uns gemeinsam an einem ihrer Drehbücher arbeitete, sagte: »Ich sehe zwei Menschen am Strand entlang spazieren.« »Und, bist du einer davon?«, fragten wir. Damit wollten wir sie darauf hinweisen, dass es beim Schreiben dieser Drehbücher vor allem darum geht, die darin beschriebenen Erfahrungen so deutlich zu *fühlen,* als würde man sie tatsächlich selbst erleben.

Der Zweck der Methode besteht darin, dass Du lernst, Dich so zu fühlen, als sei das Leben, das Du Dir wünschst, bereits Wirklichkeit. Das Universum weiß nicht (oder kümmert sich nicht darum), ob die Schwingung, die Du ausstrahlst, eine Reaktion auf das ist, was Du gerade tatsächlich erlebst, oder auf das, was Du Dir vorstellst. In jedem Fall wird das Universum Dir das Deiner ausgestrahlten Schwingung Entsprechende liefern.

Wenn Du Dein Drehbuch, Deinen Wunsch-Film, oft genug vor Deinem inneren Auge ablaufen lässt und Dich wirklich *hineinfühlst,* fängst Du an, das Gefühlte als Realität zu akzeptieren, ganz so, wie Du Deine äußere Alltagswirklichkeit akzeptierst – *dann glaubt es auch das Universum und reagiert entsprechend.*

Methode 10

Listen aufstellen

Diese Methode solltest Du anwenden, wenn

- Du Deinen Universalen Manager effektiver nutzen willst;
- Du durch bewusstes Steuern der Energie Deine Realität gezielter formen willst;
- Du nicht immer alles selbst machen, sondern Deine Realität entspannter gestalten möchtest;
- Du glaubst, zu viel zu tun zu haben;
- Du mehr Zeit für die Dinge haben möchtest, die Dir Freude machen.

Gegenwärtige emotionale Bandbreite

Von der *Methode 10* wirst Du dann am meisten profitieren, wenn Dein gegenwärtiger Emotionaler Set-Point auf der Skala der Emotionen in folgendem Bereich liegt:

Von
(2), Leidenschaft

bis
(11), Kontra-Sein

(Wenn Du Dir nicht sicher bist, was Dein gegenwärtiger Emotionaler Set-Point ist, schlage im Anhang nach. Dort findest Du die 22 Stufen der Emotionalen Feedback-Skala.)

Als Jerrys und Esthers Leben an Komplexität zunahm, ihre Ideen und Projekte immer umfangreicher wurden, ging Esther dazu über, ein Notizbuch bei sich zu tragen, in dem sie all die Dinge auflistete, die zu erledigen waren. Diese Liste erstreckte sich schließlich über mehrere Seiten, trug aber lustigerweise die Überschrift: »Dinge, die ich heute erledigen muss.« Dabei hätten selbst zehn Leute all die vielen Aufgaben auf dieser Liste nicht an einem Tag erledigen können!

Mit jeder neuer Eintragung auf der Liste fühlte sich Esther belasteter und unfreier. Getrieben von ihrem Wunsch, etwas Wertvolles beizutragen, und ihrem hohen Verantwortungsbewusstsein, hatte sie sich zahlreiche Pflichten auferlegt, die immer schwerer auf ihr lasteten.

Während sie in einem Restaurant auf ihr Essen wartete, ging Esther wieder einmal ihre lange Aufgabenliste durch. Erledigtes strich sie durch, doch für jede erledigte Aufgabe fielen ihr sofort drei neue ein. Sie spürte, wie sie von Hoffnungslosigkeit übermannt wurde, und fragte uns: »Abraham, was soll ich nur tun?«

Wir schlugen Folgendes vor: *Nimm ein Blatt Papier im Querformat. Zeichne in die Mitte eine senkrechte Trennlinie. Oben links schreibst Du hin: Dinge, die ich heute erledigen werde. Oben rechts schreibst Du hin: Dinge, die ich dem Universum übergebe.*

Schreibe links nur die Dinge hin, die Du wirklich an diesem Tag erledigen willst und kannst. Dinge, bei denen Du spürst, dass sie wirklich notwendig sind. Dinge, die Du wirklich gern tun möchtest. Alles andere schreibst Du auf die rechte Seite des Blattes und überlässt es dem Universum, sich darum zu kümmern.

Esther ging ihre lange Liste durch und wählte nur die Handvoll Dinge aus, die sie an diesem Tag unbedingt erledigen *musste*. Wie empfohlen, schrieb sie diese auf die linke Seite. Alle anderen Aufgaben notierte sie auf der rechten Seite und übergab sie so dem Universum. Mit jeder Aufgabe, die sie dem Universum übertrug, wurde ihr leichter ums Herz.

Wir versicherten Esther, dass nur zwei Dinge erforderlich seien, um Ziele zu erreichen und Wünsche zu verwirklichen: Sie müsse ihren Wunsch klar identifizieren und definieren, und dann müsse sie aus dem Weg gehen, es dem Universum überlassen, das Gewünschte in ihr Leben zu bringen.

Während Esther mit wachsender Verzweiflung ihre lange Aufgabenliste durchgegangen war, hatte sie ihre Schwingung ganz auf den *bittenden* Teil der Gleichung konzentriert. Dass sie sich überfordert und entmutigt fühlte, zeigte deutlich, dass sie schwingungsmäßig nicht offen dafür war, das Gewünschte auch tatsächlich zu *bekommen*.

Während sie alle diese Aufgaben in die Universums-Liste eintrug, ließ ihr innerer Widerstand nach und ihre Schwingungsfrequenz stieg an. Auch wenn ihr das in diesem Moment nicht klar war, hatte ihr Aufmerksamkeits-Fokus sich verändert und so stand der Verwirklichung ihrer Wünsche nun nichts mehr im Wege.

In den folgenden Tagen erlebte Esther Erstaunliches. Es gelang ihr mit Leichtigkeit, ihre eigene, nun deutlich kleiner gewordene Aufgabenliste zu erledigen. Alles, was sie auf der Universumsseite aufgelistet hatte, wurde ebenfalls erledigt – ohne dass Esther Zeit, Aufmerksamkeit und Arbeitseinsatz investieren musste. Leute, die sie bislang vergeblich telefonisch zu erreichen versucht hatte, riefen von sich aus an. Angestellte ihres Teams ergriffen die Initiative und übernahmen, ohne dass Esther sie dazu anhalten musste, Arbeiten, die sie sich zuvor selbst aufgebürdet hätte. Die Zeit schien sich auszudehnen, sodass mehr Dinge erledigt werden konnten, und Esthers Timing, was Fahrzeiten und das Wahrnehmen von Terminen anging, verbesserte sich dramatisch.

Die Anwendung unserer *Methode 10* veranlasste Esther, sich besser auf ihre Wünsche zu konzentrieren und, zum ersten Mal, ihren inneren Widerstand gegen die Erfüllung dieser Wünsche aufzugeben. Wer bittet, dem wird gegeben – man muss sich nur innerlich öffnen, um das Gewünschte in Empfang nehmen zu können.

Abraham, verrate uns noch mehr über das *Aufstellen von Listen*

Wenn Esther und Jerry Mittag essen gehen, zieht Esther oft ein Blatt Papier aus ihrer Handtasche. Die beiden legen das Blatt quer auf den Tisch und ziehen darauf mit dem Kugelschreiber eine senkrechte Linie, die es in zwei Hälften teilt. Oben auf die linke Seite schreiben sie: *Dinge, die heute zu tun sind: Jerry und Esther.* Und oben auf die rechte Seite schreiben sie: *Dinge, die zu tun sind: Universum.* Auf *ihrer* Seite des Blattes notieren sie alles, was sie selbst an diesem Tag tun wollen. Auf die andere schreiben sie das, was vom Universum getan werden soll.

Esther hat schon immer gern Listen aufgestellt. Manchmal hatte sie Arbeit für zehn Tage auf ihrer Aufgabenliste stehen. Sehr oft musste diese Liste als Entschuldigung dafür herhalten, dass Esther sich erschöpft und überfordert fühlte. Mit anderen Worten, weil sie sich ihre Liste so vollgepackt hatte, dass sie das alles unmöglich schaffen konnte, war die Liste für Esther keine Hilfe, sondern eine Last, die sie ständig mit sich herumtrug. Heute dagegen schreibt sie nur das auf, was sie auch wirklich an dem Tag erledigen will. Dadurch baut sie kaum noch inneren Widerstand auf und kann das, was sie sich vornimmt, viel leichter bewältigen. Alles, was sie nicht an diesem Tag tun will, sondern später, vielleicht in einer Woche oder in einem Jahr oder in zehn Jahren, schreibt sie auf die rechte Seite des Blattes und überlässt es dem Universum, sich darum zu kümmern.

Als sie eines Tages nach dem Mittagessen das Restaurant verließen, sagte Jerry: »Möchtest Du Dein Blatt mit den beiden Listen nicht mitnehmen?« Und Esther erwiderte: »Das ist das Beste daran – alles geschieht wie von selbst. Man muss sich gar nicht weiter um die Listen kümmern.« Also ließ sie das Blatt mit den beiden Listen einfach auf dem Tisch im Restaurant liegen. Sie ließ es dort zurück, weil sie sich sicher war, dass das Universum sich darum kümmern würde. So wird sie entlastet und kann aufatmen. So wirst Du es auch machen, wenn Du einmal diesen Brunnen des Wohl-Seins entdeckt hast, aus dem unerschöpflich Gutes hervorsprudelt.

Sobald Du sagst »ich bevorzuge« oder »ich mag« oder »ich will« oder »ich wünsche mir«, tut sich der Himmel für Dich auf, und die nicht-physischen Energien beginnen unverzüglich damit, die Manifestation Deines Wunsches herbeizuführen. Augenblicklich, schneller als Du es aussprechen kannst, beginnt die Energie zu fließen. Umstände und Ereignisse werden auf wunderbare Weise, die sich mit Worten kaum beschreiben lässt, so orchestriert, dass sich alles optimal zusammenfügt, um Dir genau das zu geben, was Du Dir wünschst. Wenn die Manifestation nicht rasch vonstatten geht, sondern sich verzögert, ist das ausschließlich auf Deinen inneren Widerstand zurückzuführen.

Weißt Du wirklich genau, was Du willst?

Du musst dem Universum nicht immer wieder sagen, was Du Dir wünschst – einmal genügt. Der Vorteil, wenn Du immer wieder davon sprichst, besteht darin, dass Du selbst Dir über Deine Wünsche klarer wirst. Meistens gelingt es Dir nicht auf Anhieb, Deine Wünsche wirklich klar zu formulieren. Je mehr Du dann darüber redest, desto besser gelingt es Dir, eine »Feineinstellung« vorzunehmen und die Einzelheiten Deiner Wünsche genauer zu erkennen und in Worte zu fassen. Doch von dem Moment an, wenn Du einen Wunsch artikulierst, beginnt das Universum damit, ihn zu manifestieren. Wenn Du dann sagst: »Ich hätte aber dies und das gern etwas anders«, nimmt das Universum die entsprechenden Modifikationen an Deinem ursprünglichen Wunsch vor. Du sagst: »Ein bisschen mehr hiervon wäre schön«, und das Universum ... Verstehst Du, worauf wir hinauswollen? Du »schießt« Dich sozusagen immer besser auf Deinen Wunsch ein. Und sobald Du Dir restlos darüber im Klaren bist, was Du genau willst, ist es auch schon auf dem Weg zu Dir. Die eigentliche Manifestation wird dann möglicherweise noch ein wenig auf sich warten lassen, denn es gibt meistens etwas inneren Widerstand, der verhindert, dass Du das Gewünschte sofort empfangen kannst.

Methode 11

Zukunfts-Segmente gestalten

Diese Methode solltest Du anwenden, wenn

- Du während eines bestimmten Zeitraumes des vor Dir liegenden Tages den Lauf der Dinge bestimmen möchtest;
- etwas noch nicht so läuft, wie Du es gern hättest, und Du sicherstellten möchtest, dass die Angelegenheit sich in Deinem Sinne entwickelt;
- Zeit und Geld besonders wichtig für Dich sind und Du mit möglichst wenig Zeitaufwand möglichst viel Geld verdienen willst.

Gegenwärtige emotionale Bandbreite

Von der *Methode 11* wirst Du dann am meisten profitieren, wenn Dein gegenwärtiger Emotionaler Set-Point auf der Skala der Emotionen in folgendem Bereich liegt:

Von
(4), Positive Erwartung/Glaube

bis
(11), Kontra-Sein

(Wenn Du Dir nicht sicher bist, was Dein gegenwärtiger Emotionaler Set-Point ist, schlage im Anhang nach. Dort findest Du die 22 Stufen der Emotionalen Feedback-Skala.)

Es ist leichter, mit einem frischen, weniger mächtigen Gedanken zu beginnen, sich dann auf ihn zu konzentrieren und ihn auszudehnen, als einen bereits ausgedehnten mächtigen Gedanken zu verändern. Mit anderen Worten, es ist leichter, eine bessere zukünftige Erfahrung zu erschaffen, als eine gegenwärtig existierende Erfahrung zu verändern.

Wenn Du einen physischen Zustand durchlebst und diesem Aufmerksamkeit widmest, bewirkt diese Aufmerksamkeit und Konzentration, dass Du diesen Zustand in deine zukünftige Lebenserfahrung hineinprojizierst. Wenn Du Dich dagegen auf eine *andere* zukünftige Erfahrung konzentrierst, aktivierst Du hier und jetzt diese andere Erfahrung. Indem Du also durch Deine gezielte Konzentration die andere Erfahrung in die Zukunft projizierst, lässt Du Deine gegenwärtige Erfahrung hinter Dir zurück.

Diesen Prozess unterstützt die Methode 11, *Zukunfts-Segmente gestalten.* Dabei bestimmst Du selbst, welche Schwingungseigenschaften das Zeit-Segment aufweisen soll, dem Du gerade entgegengehst. Du bereitest Dir sozusagen schwingungsmäßig einen Weg vor, auf dem es sich dann bequem reisen lässt.

Falls Du gerade in schlechter Stimmung bist, es also zurzeit in Deiner Schwingungsfrequenz viel Widerstand gibt, hast Du normalerweise keinen Zugang zu Gedanken, die stark von Deinen momentanen Denkmustern abweichen. Daher projizierst Du diese schwingungsmäßige Erwartungshaltung auch wieder in das nächste Zeit-Segment, dem Du entgegengehst. Aus diesem Grund empfehlen wir, die *Zukunfts-Segment-Gestaltung* nur anzuwenden, wenn Du Dich bereits relativ gut fühlst. Geht es Dir momentan schlecht, solltest Du zunächst mit Hilfe einer der anderen Methoden Deine Stimmung und damit Deinen Aufmerksamkeits-Fokus verbessern. Wenn Du Dich dann wieder besser fühlst, ist der richtige Zeitpunkt gekommen, die *Methode 11* auszuprobieren.

Sie wird Dir helfen, Deine Gedanken bewusster und entschlossener zu fokussieren. Du wirst Dir klarer bewusst werden, welchen Denkmustern Du gegenwärtig anhängst, und Du wirst Deine Gedanken gezielter auswählen können. Nach einer Weile wird es sich sehr natürlich anfühlen, wenn Du, ehe Du in ein neues Zeit-Segment eintrittst, kurz innehältst, um Deine Absichten und Erwartungen gezielt zu bündeln.

In ein neues Zeit-Segment trittst Du immer dann ein, wenn sich Deine Absichten ändern: Wenn Du Geschirr spülst und dann das Telefon klingelt, trittst Du in ein neues Segment ein. Wenn Du ins Auto steigst, beginnst Du ein neues Segment. Wenn ein anderer Mensch das Zimmer betritt, beginnt für Dich ein neues Segment.

Wenn Du Dir die Zeit nimmst, unmittelbar bevor das neue Segment beginnt, Deine Erwartung zu fokussieren, kannst Du die in dem Segment vorherrschende Schwingung viel präziser steuern, als wenn Du einfach hineinspazierst und den bereits manifestierten Zustand wahrnimmst.

Nehmen wir an, Du kochst gerade ein Abendessen

und genießt den Rhythmus und Fluss, den Du dabei erzeugst. Alles gelingt Dir nach Plan und Du erwartest, dass dieses Essen ein voller Erfolg wird.

Nun klingelt plötzlich das Telefon. (Du trittst in ein neues Zeit-Segment ein.) Du triffst unverzüglich die Entscheidung, nicht den Hörer abzuheben. Du weißt, dass Dein Anrufbeantworter den Anruf aufzeichnen wird, und entscheidest Dich, später zurückzurufen, wenn Du Zeit dafür hast.

So wird der Rhythmus und Fluss Deines Kochvergnügens nicht unterbrochen. Dein Segment hat sich zwar leicht verändert, aber Du hast Deine Balance bewahrt und alles ist gut.

Oder: Das Telefon klingelt. (Du trittst in ein neues Zeit-Segment ein.) Du erinnerst Dich, dass Du einen wichtigen Anruf erwartest. Du gehst mit der klaren Absicht in das neue Segment, das Telefonat effizient und kurz zu halten und die benötigten Auskünfte rasch, aber höflich einzuholen. Zu dem positiven Energiefluss, den Du aus dem vorherigen Segment mitbringst, passen Deine positiven Erwartungen bezüglich des Telefongesprächs perfekt. Du hast also, noch bevor Du den Hörer abhebst, den Verlauf des Gesprächs entsprechend Deiner sich angenehm anfühlenden Absichten vorbereitet.

Tatsächlich bereitest Du Deinen künftigen Erfahrungen ständig auf diese Weise den Weg, ohne Dir dessen bewusst zu sein. Stets projizierst Du Deine Erwartungen in Deine zukünftigen Erfahrungen hinein. Die *Zukunfts-Segment-Gestaltung* hilft Dir, *bewusst* auszuwählen, was Du in die Zukunft projizierst. So gewinnst Du die Kontrolle über Deine zukünftigen Erfahrungen.

Du kannst auf diese Weise Erfahrungen im Voraus

gestalten, die in der unmittelbaren Zukunft liegen, aber auch Erfahrungen, die erst später eintreten werden. Und hast Du erst einmal erkannt, wie positiv sich Deine Zukunft durch bewusstes Denken beeinflussen lässt, wirst Du diese Methode so oft wie möglich anwenden wollen. Und wie bei allen Methoden gilt auch hier: Je öfter Du sie anwendest, desto geschickter wirst Du darin, desto mehr Spaß macht es Dir und desto besser werden die Resultate sein.

Wenn in dem neuen Zeit-Segment etwas enthalten ist, was Du noch nie gern getan hast, solltest Du die *Zukunfts-Segment-Gestaltung* nicht anwenden. Natürlich ist sie immer noch besser, als völlig ohne bewusste Absicht in das neue Segment zu gehen. Aber in diesem Fall solltest Du eher auf eine der Hochleistungs-Methoden *(Methode 13 bis 22)* zurückgreifen.

Nehmen wir an, Du bist unterwegs zu Deiner Schwiegermutter, von der Du glaubst, dass sie Dich noch nie mochte. Oder Du bist auf dem Weg zur Arbeit in einem Zwei-Personen-Büro, das Du Dir mit einem Kollegen teilen musst, der Dir in vielfältiger Weise auf die Nerven geht.

Wenn Du zu definieren versuchst, wie Du Dich fühlen willst und wie sich das Segment entfalten soll, und dabei spürst, dass es Dir schwerfällt, ein positives Szenario zu entwerfen, solltest Du die *Methode 11* abbrechen. Wechsele gedanklich das Thema. Denke an etwas Erfreuliches und wende später eine andere der 22 Methoden an.

Abraham, verrate uns noch mehr über das *Gestalten von Zukunfts-Segmenten*

Du lebst in einer wunderbaren physischen Zeit, in einer hoch technologischen Gesellschaft, die Dir Zugang zu einem weltweiten Netz der Kommunikation und Informationen und eine Vielfalt von gedanklichen Anregungen bietet. Du profitierst von alledem, weil es Dir Gelegenheit zu persönlichem Wachstum gibt. Aber die viele gedankliche Stimulation hat den Nachteil, dass sie zu Verwirrung führen kann. Während Deine Fähigkeit, Dich auf ein enger gefasstes Thema zu konzentrieren, Klarheit erzeugt, bringt Deine Fähigkeit, Dich auf viele Dinge gleichzeitig zu konzentrieren, Verwirrung hervor.

Ihr Menschen seid überaus rezeptive Geschöpfe. Eure Denkprozesse laufen sehr schnell ab. Wenn Ihr Euch gezielt einer einzelnen Sache widmet, seid Ihr in der Lage, durch die Macht des *Gesetzes der Anziehung*, immer größere Klarheit bezüglich dieser Sache zu erzeugen und dann alle Aufgaben und Herausforderungen zu meistern, die mit ihr verbunden sind. Da es aber in Eurer Welt so viel gedankliche Stimulation gibt, gelingt es nur wenigen von Euch, sich lange genug auf ein einzelnes Thema zu konzentrieren, um es darin wirklich weit zu bringen. *Die meisten von Euch werden durch die Masse der Euch zugänglichen Gedanken derart abgelenkt, dass sie nicht dazu kommen, einzelne Gedanken wirklich zu entwickeln und auszugestalten.*

Bei der *Zukunfts-Segment-Gestaltung* geht es darum, klar und deutlich zu *identifizieren,* was Du willst, um es dann bewusst in Dein Leben ziehen zu können.

Hier ist der Schlüssel zur *Bewussten Schöpfung:* Betrachte Dich als Magneten, der Erfahrungen anzieht, die Deiner jeweiligen Gefühlslage entsprechen. Wenn Du das Gefühl hast, innerlich klar und zielbewusst zu sein und die Dinge unter Kontrolle zu haben, wirst Du entsprechend klare Lebensumstände anziehen. Wenn Du Dich glücklich fühlst, wirst Du glückliche Lebensumstände anziehen. Wenn Du Dich gesund fühlst, wirst Du Gesundheit anziehen. Wenn Du Dich wohlhabend fühlst, wirst Du Wohlstand anziehen. Wenn Du Dich geliebt fühlst, wirst Du liebevolle Lebensumstände anziehen. Deine Gefühlslage ist Dein Aufmerksamkeits-Fokus, der darüber bestimmt, welche Erfahrungen Du in Deinen Lebensbereich ziehst.

Der Wert der *Methode 11* besteht daher darin, dass sie Dich veranlasst, mehrmals täglich innezuhalten und Dir zu sagen: »Das ist es, was ich von diesem Segment meiner Lebenserfahrung erwarte. Ich will es und erwarte es.« Wenn Du diese machtvollen Worte sprichst, wirst Du zu dem, was wir einen *Bewussten Schöpfer* nennen. Du ziehst genau das in Dein Leben, was Du Dir wünschst.

Die gezielte Gestaltung einzelner Zukunfts-Segmente ist so wirkungsvoll, weil Du Dich zwangsläufig verwirrt und überfordert fühlen müsstest, wenn Du versuchen würdest, alle Aspekte Deiner Zukunft auf einmal zu steuern. Wenn Du dagegen Segment für Segment vorgehst, teilst Du Deine Zukunft sozusagen in mundgerechte Bissen auf. Du fragst Dich immer nur: »Was will ich jetzt als Nächstes?«

Wenn Du viele Dinge gleichzeitig willst, führt das zu Verwirrung. Konzentrierst Du Dich dagegen nur auf das, was Du in einem bestimmten Moment willst, verleiht das Deinen schöpferischen Energien Klarheit und Stoßkraft – und daher Schnelligkeit. *Darum geht es bei der Zukunfts-Segment-Gestaltung: Halte unmittelbar vor dem Eintreten in ein neues Zeit-Segment inne und entscheide, was Du Dir für dieses Segment am meisten wünschst, sodass Du diesem Wunsch Deine volle Aufmerksamkeit widmest (und ihn dadurch mit Energie auflädst).*

Manche von Euch sind während *einiger* Segmente des täglichen Lebens fokussiert. Aber es gibt unter Euch nur wenige, die während der *überwiegenden* Zeit ihres Alltags fokussiert sind. Wenn Ihr Euch also der Zeit-Segmente bewusst werdet – *und das identifiziert, was innerhalb dieser Segmente jeweils am wichtigsten ist* –, macht Euch das zu bewussten Magneten oder Schöpfern, und zwar während *aller* Segmente Eures täglichen Lebens.

Ihr werdet feststellen, dass Ihr dadurch nicht nur produktiver, sondern auch glücklicher werdet. Wenn Ihr bewusst wünscht, und es dann zulasst und empfangsbereit seid, werdet Ihr größere Zufriedenheit erlangen. Ihr seid Wesen, die nach Wachstum streben. Wenn Ihr Euch vorwärtsbewegt, Euch entwickelt, seid Ihr am glücklichsten. Stagnation hingegen macht Euch unglücklich.

Ein Beispiel für einen Tag mit bewusster *Zukunfts-Segment-Gestaltung*

Wir möchten Dich nun durch einen Beispiel-Tag geleiten, bei dem Du den Übergang in neue Zeit-Segmente identifizierst, wie Du vor diesem Übergang jeweils kurz innehältst und eine bewusste Absicht oder einen Wunsch für das jeweilige Segment formulierst. Nehmen wir an, Du hast Dich vor dem Zubettgehen am Abend zur Anwendung dieser Methode entschlossen. Dir ist klar, dass das Einschlafen den Beginn eines neuen Zeit-Segments bedeutet. Fasse also, während Du auf dem Kissen liegst und Dich aufs Einschlafen vorbereitest, die klare Absicht, tief und erholsam zu schlafen. Fasse die Absicht, dass Dein physischer Apparat sich in der Nacht erholen wird, und stelle Dir vor, dass Du erfrischt aufwachen wirst.

Wenn Du am Morgen die Augen öffnest, machst Du Dir klar, dass Du wiederum in ein neues Segment Deiner Lebenserfahrung eintrittst und dass auch die Zeit, die Du vor dem Aufstehen noch im Bett verbringst, ein Segment ist. Lege nun Deine Absicht für dieses Segment fest: »Während ich hier liege, beabsichtige ich, eine klare Vorstellung dieses Tages zu entwickeln. Ich beabsichtige, mich auf den Tag zu freuen und von Energie erfüllt zu sein.« Und dann, innerhalb des Segments, in dem Du noch im Bett liegst, wirst Du diese frische Freude und Energie spüren.

Wenn Du aufstehst, beginnt das nächste Zeit-Segment. In diesem Segment bereitest Du Dich vermutlich auf den Tag vor. Während Du Dir also die Zähne putzt, duschst oder was sonst noch in diesem Segment zu erledigen ist, lass Deine Absicht sein, dies alles effizient zu tun und Dich dabei wohl zu fühlen.

Mache dieses Segment zu einer inspirierenden Phase, in der Du Dich gut auf den Tag vorbereitest.

Während Du das Frühstück zubereitest, sollte Deine Absicht darin bestehen, Lebensmittel zu wählen, die für Deinen physischen Apparat gerade besonders nahrhaft sind. Lass es Deine Absicht sein, von diesen Lebensmitteln gut mit Energie versorgt und gestärkt zu werden und Dein Frühstück rundum zu genießen. Wenn Du vor dem Eintritt in das Frühstücks-Segment diese Absicht festgelegt hast, wirst Du bemerken, dass Dir das Essen besser bekommt und Du Dich erfrischt und gestärkt fühlst. Und es wird Dir auch viel besser schmecken, als wenn Du diese Absicht vorher nicht bewusst festgelegt hättest.

Wenn das Telefon klingelt, bist Du Dir bewusst, dass damit wieder ein neues Segment beginnt. Nimm den Hörer ab und lege, während du erfährst, wer Dich anruft, klar Deine Absicht fest, und zwar bevor Du zu sprechen beginnst. Bevor Du Dich auf den Weg zur Arbeit machst, fasse die Absicht, sicher zu Deinem Ziel zu gelangen, die Fahrt zu genießen und harmonisch mit dem Verkehr mitzufließen, ganz im Einklang mit den anderen Verkehrsteilnehmern.

Wenn Du ankommst und aus dem Auto oder der Bahn steigst, beginnt ein neues Segment. Halte also einen Augenblick inne und stelle Dir vor, wie Du zu Deiner Arbeitsstelle gehst, Dich dabei gut fühlst, die Vitalität Deines physischen Apparats spürst, die Klarheit Deines Denk-Mechanismus. Lege nun die Absicht für das nächste Segment fest, das beginnt, wenn Du das Gebäude betrittst, in dem Du arbeitest. Stelle Dir vor, wie Du die Sekretärin begrüßt, Deine Angestellten oder Deinen Chef. Stelle Dir vor, dass Du jemand bist, der andere inspiriert, ihnen aufmunternd zulächelt. Mache Dir klar, dass die Menschen, mit denen Du zu tun hast, oft keine eigenen bewussten Absichten verfolgen, dass Du aber Bewusster Schöpfer *Deines* Lebens bist, dass Du *Deine* Erfahrungen gezielt steuerst und Dich deshalb nicht von der Verwirrung oder den Absichten der anderen anstecken oder beeinflussen lässt.

Natürlich werden Deine Segmente nicht genau so aussehen, wie wir es hier beschrieben haben. Und sie werden sich von einem Tag zum nächsten unterscheiden. Am Anfang wird es Dir noch ein wenig schwerfallen, die einzelnen Segmente klar zu identifizieren. Doch mit etwas Übung wird Dir das immer besser gelingen. Manche Leserinnen und Leser werden es hilfreich finden, ein kleines Notizbuch bei sich zu tragen, sodass sie ganz konkret und körperlich innehalten können, um das neue Zeit-Segment zu identifizieren und eine Liste ihrer Absichten in das Notizbuch zu schreiben. Das Aufschreiben hat den Vorteil, dass Ihr dabei eine besonders große Klarheit und Konzentration erreicht. Wenn Ihr also beginnt, Euch mit der bewussten *Zukunfts-Segment-Gestaltung* zu beschäftigen, kann das Notizbuch anfangs eine wertvolle Hilfe sein.

Wenn Ihr Euch auf diese Weise durch den Tag bewegt, werdet Ihr erleben, wie die Macht und Schwungkraft Eurer Absichten sich immer mehr aufbaut. Ihr werdet Euch herrlich unbesiegbar fühlen. Ihr werdet das Gefühl bekommen, dass es nichts gibt, was Ihr nicht sein, tun oder haben könnt, denn Ihr macht, von Segment zu Segment, immer wieder die inspirierende Erfahrung, die schöpferische Kontrolle über Eure eigenen Lebenserfahrungen zu haben.

Methode 12

Wäre es nicht schön, wenn …

Diese Methode solltest Du anwenden, wenn

- Du feststellst, dass Du zu Negativität neigst und dadurch Widerstand erzeugst und Du zu einer positiveren Haltung gelangen möchtest;
- Du Dich bereits gut fühlst und Dich gezielt auf bestimmte Lebensbereiche konzentrieren möchtest, in denen Du Dir weitere Verbesserungen wünschst;
- Du ein negatives, oder ein potenziell ins Negative tendierendes Gespräch sanft in positivere Bahnen lenken oder einem anderen Menschen sanfte neue Wege weisen möchtest.

Gegenwärtige emotionale Bandbreite

Von der *Methode 12* wirst Du dann am meisten profitieren, wenn Dein gegenwärtiger Emotionaler Set-Point auf der Skala der Emotionen in folgendem Bereich liegt:

Von
(4), Positive Erwartung/Glaube
bis
(16), Entmutigung

(Wenn Du Dir nicht sicher bist, was Dein gegenwärtiger Emotionaler Set-Point ist, schlage im Anhang nach. Dort findest Du die 22 Stufen der Emotionalen Feedback-Skala.)

Wenn Du sagst: »Ich will, dass diese oder jene Sache geschieht, die bisher noch nicht geschehen ist«, aktivierst Du damit nicht nur die Schwingung Deines Wunsches, sondern gleichzeitig auch die Schwingung des Mangels, der Abwesenheit des Gewünschten – so ändert sich nichts. Alles bleibt, wie es war. Selbst wenn Du nur den ersten Teil aussprichst, nur sagst: »Ich will, dass diese Sache geschieht«, schwingt oft eine unausgesprochene Identifikation mit dem Mangelzustand mit, die der Erfüllung Deines Wunsches im Weg steht.

Aber wenn Du sagst: »Wäre es nicht schön, wenn dieser Wunsch in Erfüllung geht?«, drückst Du damit eine andere Art von Erwartung aus, die viel weniger Widerstand beinhaltet.

Wenn Du diese Frage an dich selbst richtest, führt das zu einer positiveren, erwartungsvolleren Einstellung. So wird dieses einfache, aber höchst wirkungsvolle Spiel eine Anhebung Deiner Schwingungsfrequenz bewirken, weil es in ganz natürlicher Weise Deine Aufmerksamkeit auf die Dinge lenkt, die Du Dir wünschst. Die Methode 12, *Wäre es nicht schön, wenn …?*, hilft Dir, in allen Lebensbereichen die Dinge hereinzulassen, um die Du das Universum gebeten hast.

Wäre es nicht schön, wenn wir mit diesen Freunden eine herrliche Zeit erleben?

Wäre es nicht schön, wenn nur wenig Verkehr herrscht und wir die Fahrt wirklich genießen können?

Wäre es nicht schön, wenn ich heute bei der Arbeit wirklich produktiv bin?

Vielleicht ist es auch Dein Wunsch, einen neuen Partner zu finden. Zum Beispiel:

Wäre es nicht schön, wenn ich einen idealen Partner finde, der mich genauso liebt wie ich ihn?

Wäre es nicht schön, wenn ich jemanden finde, mit dem ich gemeinsam in den Sonnenuntergang tanzen kann?

Wäre es nicht schön, wenn es dort draußen jemanden gibt, der so sehr nach mir sucht wie ich nach ihm?

Dieses *Wäre es nicht schön, wenn …?*-Spiel ist so wirkungsvoll, weil Du Dich dabei auf etwas konzentrierst, das Du Dir wünschst, und dabei sehr leicht und sanft an die Sache herangehst. Mit anderen Worten, Du möchtest natürlich, dass der Wunsch in Erfüllung geht, aber wenn nicht, geht davon die Welt nicht unter. Das ist eine viel entspanntere Haltung.

Nehmen wir beispielsweise an, Du möchtest gern abnehmen. Hier sind ein paar *Wäre es nicht schön, wenn …?*-Vorschläge für diesen Fall:

Wäre es nicht schön, wenn ich zufällig eine Abnehm-Methode entdecke, die bei mir wunderbar funktioniert?

Wäre es nicht schön, wenn mein Stoffwechsel etwas besser mit mir kooperieren würde?

Wäre es nicht schön, wenn die Wünsche, die ich schon so lange hege, mir als Leitstern auf meinem Weg dienen?

Wäre es nicht schön, wenn ich jemanden treffe, der erfolgreich eine Methode angewandt hat, von der auch ich profitieren kann?

Wäre es nicht schön, wenn ich wieder so viel wiegen könnte wie vor … Jahren?

Wäre es nicht schön, wenn ich wieder wie auf diesem Foto aussähe?

Deine Logik würde Dir dann sagen: »Hey, ich habe dieses Gewicht jetzt schon ziemlich lange. Wenn ich wüsste, wie man abnimmt, und wenn ich das gut könnte, wäre ich schon längst wieder schlank.« So widersprichst Du Deinem eigenen Wunsch und bleibst dadurch in der »Übergewichts-Schwingung« gefangen. Durch die spielerische, lockere *Wäre es nicht schön, wenn …?-Methode wird* aber viel von dieser negativen Schwingung zerstreut und abgeschwächt, sodass Dein Wunsch leichter in Erfüllung gehen kann.

Wäre es nicht schön, wenn mein physischer Körper genau die Gestalt annähme, die ich mir erträume?

Wäre es nicht schön, wenn ich herausfinde, dass Schlankwerden viel leichter ist, als ich gedacht habe?

Wäre es nicht schön, wenn die Energie in meinem Leben harmonisch und im Einklang mit meiner Umwelt fließt?

Wäre es nicht schön, wenn die Zellen meines Körpers mit dem geistigen Wunschbild kooperieren, das ich von mir hege?

Wäre es nicht schön, wenn ich ein gutes Körpergefühl hätte?

Wäre es nicht schön, wenn mein Körper anders aufs Essen reagieren würde?

Wäre es nicht schön, wenn ich mehr Lust hätte, Sport zu treiben?

Wäre es nicht schön, wenn mein Körper die Nahrung rascher verbrennen würde, sodass ich mir diesbezüglich überhaupt keine Sorgen machen muss?

Wäre es nicht schön, wenn mein Denken sich in Bezug auf das Essen klärt und ordnet, sodass ich ganz von selbst Freude an den Speisen habe, die sich in Schwingungs-Harmonie zu den wahren Bedürfnissen meines Körpers befinden?

Wenn Du dieses Spiel sanft und locker spielst, geschieht Folgendes: Du gelangst allmählich in immer größere Schwingungs-Harmonie mit Deinen Wünschen. Der Widerstand, den Du aufgebaut hast, schwindet. Die einzige Alternative dazu wäre, Deine Aufmerksamkeit völlig von dem betreffenden Gegenstand (in diesem Fall Dein Übergewicht) abzuziehen und Dich nie wieder gedanklich damit zu beschäftigen. Das ist aber überaus schwierig, weil Du Deinen Körper ja schließlich überallhin mitnimmst. Mit anderen Worten, es ist schwierig, überhaupt nicht an ihn zu denken.

Noch etwas: Erwarte keine sofortigen Resultate. Mache Dir bewusst, dass sich alles zur rechten Zeit entfalten wird. Durch Dein Denken und Verhalten hast Du die Entstehung einer zellulären Gemeinschaft ausgelöst, und nun willst Du durch die Gewichtsabnahme einen großen Teil dieser Zellen auslöschen. Es ist also eine Kooperation auf der Zellebene notwendig, um Dein Ziel Wirklichkeit werden zu lassen. Und alle diese Zellen sind zu dieser Kooperation bereit. Sie fühlen sich nicht als Opfer. Sie halten keine kleinen Zell-Trauerfeiern ab, um die bevorstehenden Verluste zu beklagen. Die Zellen jammern nicht: »Oh, sie will 25 Prozent von uns töten!«

Vielmehr vollzieht sich hier eine kollektive Anpassung und Harmonisierung. Deine Zellen machen sich bereit. Und während diese Vorbereitungen im Gange sind, werden in Deinem Körper alle erforderlichen Vorgänge orchestriert und aufeinander abgestimmt – etwas, das Du bewusst niemals steuern könntest. Dein Körper weiß, was zu tun ist. Dein Körper wirkt aktiv an der Verwirklichung Deines Wunsches mit.

Überlasse also, während Du das sanfte *Wäre es nicht schön, wenn …?-Spiel* spielst, den Rest Deines physischen Apparates ganz dem Wissen Deiner Zellen. Das bedeutet, dass es nicht Deine Aufgabe ist,

Deinen Körper mit Nahrungsentzug zu traktieren und ihn zu ungewohnten sportlichen Höchstleistungen anzutreiben. Und ebenso wenig ist es Deine Aufgabe, zu entscheiden, welche Zellen gehen müssen.

Welche Wünsche Du auch hegen magst, es findet – in Reaktion auf das *Wäre es nicht schön, wenn ...?-Spiel* – eine Orchestrierung statt. Wann immer Du also dieses Spiel spielst, vertraue darauf, dass sich alles aufs Beste fügt – dann wird es genauso geschehen.

Methode 13

Welcher Gedanke fühlt sich besser an?

Diese Methode solltest Du anwenden, wenn

- Du Dir bewusst werden willst, wie Du jetzt in diesem Augenblick über eine Sache denkst;
- Du eine Entscheidung treffen musst, und dabei den bestmöglichen Weg einschlagen willst;
- Du Deinen gegenwärtigen Emotionalen Set-Point bestimmen möchtest;
- Du Dir Deines Emotionalen Feedback-Systems bewusst werden möchtest.

Gegenwärtige emotionale Bandbreite

Von der *Methode 13* wirst Du dann am meisten profitieren, wenn Dein gegenwärtiger Emotionaler Set-Point auf der Skala der Emotionen in folgendem Bereich liegt:

Von
(4), Positive Erwartung/Glaube
bis
(17), Ärger

(Wenn Du Dir nicht sicher bist, was Dein gegenwärtiger Emotionaler Set-Point ist, schlage im Anhang nach. Dort findest Du die 22 Stufen der Emotionalen Feedback-Skala.)

Jedes Thema hat eigentlich zwei Seiten: Das, was Du Dir wünschst, und die Abwesenheit desselben. Wenn Du nicht begreifst, dass es sich dabei um zwei sehr verschiedene Schwingungsfrequenzen handelt, glaubst Du vielleicht, dass Du Dich auf einen Wunsch konzentrierst, während Du Dich in Wirklichkeit auf das Gegenteil konzentrierst.

Manche Menschen glauben, dass sie sich auf die Gesundheit ihres Körpers konzentrieren, während sie sich in Wirklichkeit auf ihre Angst vor einem kranken Körper konzentrieren. Manche glauben, sie würden über die Verbesserung ihrer finanziellen Lage nachdenken, während ihr Denken eigentlich darum kreist, dass sie nicht genug Geld haben.

Da sie sich aber mit den *Themen* Geld oder Gesundheit gedanklich beschäftigen, meinen sie, jedes Mal, wenn sie sich auf das Thema konzentrieren, würden sie daran denken, was sie sich wünschen. Aber das ist sehr häufig nicht der Fall. Oft sagen diese Leute: »Ich habe diesen Wunsch schon, solange ich denken kann. Warum geht er nicht in Erfüllung?« Weil sie sich nicht bewusst sind, dass jedes Thema zwei Seiten hat: das, was sie sich wünschen, und das Nichtvorhandensein desselben, der Mangel. So reden sie beispielsweise über Geld und glauben, dass sie darüber reden, was sie sich wünschen, während sie sich in Wahrheit auf das genaue Gegenteil des Gewünschten konzentrieren. Nur wenn Du darauf achtest, was Du *fühlst,* weißt du wirklich, welche Schwingungen Du ausstrahlst. Mit etwas Übung wirst Du lernen, immer genau zu wissen, worauf Du Dich gerade konzentrierst.

Die *Methode 13, Welcher Gedanke fühlt sich besser an?,* hilft Dir, die Schwingungsfrequenz Deiner momentanen Gedanken bewusst festzustellen. Dieses Spiel lässt sich am wirkungsvollsten spielen, wenn Du allein bist, weil kein anderer Mensch wirklich wissen oder verstehen kann, welche Gedanken sich für Dich gut anfühlen. In Gegenwart anderer Menschen geschieht es leicht, dass Du unsicher bist, ob ein Gedanke sich für *Dich* wirklich gut anfühlt oder ob Du ihn nur denkst, weil Du glaubst, dass die anderen das von Dir erwarten.

Es ist sehr wichtig, dass Du die Vorstellungen, Wünsche, Erwartungen und Überzeugungen anderer Menschen völlig außen vor lässt, wenn Du feststellen willst, was Du selbst fühlst.

Wann ist der richtige Zeitpunkt für dieses Spiel?

Es gibt zu einer unendlichen Zahl von Themen eine unendliche Auswahl an Gedanken, die Du denken kannst, aber Deine persönlichen Lebenserfahrungen und die Kontraste, die Teil Deines Lebens sind, werden Dir helfen, die Themen auszuwählen, auf die Du Dich konzentrieren möchtest.

Dieses Spiel ist besonders hilfreich, wenn in Deinem Erfahrungsbereich etwas aufgetaucht ist, das in Dir deutliche negative Emotionen weckt.

Wenn Du einmal begriffen hast, dass negative Emotionen inneren Widerstand anzeigen, und weiter, dass dieser Widerstand das Einzige ist, was der Erfüllung Deiner Wünsche im Weg steht, bist du gewiss gern bereit, Deinen Widerstand bezüglich dieses von Dir neu energetisierten und aktivierten Gegenstandes zu reduzieren.

Ein Beispiel für das Spiel »*Welcher Gedanke fühlt sich besser an?*«

Diese Methode funktioniert am besten, wenn Du Dir ein paar Minuten Zeit nimmst, Dich hinzusetzen und Deine Gedanken aufzuschreiben. Nach einiger Zeit, wenn Du dieses Spiel oft genug gespielt hast, wird es genügen, dass Du es nur in Gedanken praktizierst. Aber zumindest am Anfang wird es Deine Konzentration wesentlich verbessern, wenn Du Deine Gedanken zu Papier bringst. Dann kannst Du die von Dir gewählten Gedanken besser *fühlen*.

Beginne, indem Du kurz aufschreibst, was Du gegenwärtig bezüglich des von Dir gewählten Themas *empfindest*. Du kannst beschreiben, was vorgefallen ist, aber am wichtigsten dabei ist, dass du beschreibst, wie Du Dich fühlst.

Schreibe als Nächstes eine Aussage auf, die Dein momentanes Gefühl *verstärkt*. Das wird Dir dabei helfen, Verbesserungen, die sich während des Spieles einstellen, leichter zu erkennen.

Nehmen wir beispielsweise an, Du hattest gerade einen Streit mit Deiner Tochter, weil sie keinerlei Anstalten macht, Dir bei der Hausarbeit zu helfen. Sie kümmert sich noch nicht einmal um ihre persönlichen Sachen, und in ihrem Zimmer herrscht ein einziges Chaos. Dein Bemühen, bei Euch zu Hause eine gewisse Ordnung aufrechtzuerhalten, scheint ihr völlig gleichgültig. Sie hilft nicht nur nicht, sondern versucht sogar aktiv, Deine Bemühungen zu sabotieren. Also schreibst Du:

Sie [hier kannst Du den Namen Deiner Tochter einsetzen] *macht mir absichtlich das Leben schwer.*

Meine Sorgen sind ihr völlig egal.

Sie zeigt keinerlei Bereitschaft, einen fairen Anteil der Arbeit in unserem Haushalt zu übernehmen.

Nachdem Du einige Aussagen gemacht hast, die anzeigen, wie Du Dich gegenwärtig fühlst, triff nun die folgende Aussage: *Ich werde jetzt einige Gedanken zu dieser Angelegenheit finden, die sich etwas besser anfühlen.* Schreibe diese Gedanken nacheinander auf und überlege Dir bei jedem einzelnen, ob er sich besser, gleich schlecht oder schlechter anfühlt als Deine ursprünglichen Gedanken. Du schreibst also:

Sie hört mir nie zu. (gleich schlecht)

Ich will, dass sie mehr Verantwortung übernimmt. (gleich schlecht)

Ich habe keine Lust, hinter ihr herzuräumen. (gleich schlecht)

Ich hätte sie besser erziehen sollen. (schlechter)

Ich wünschte, ihr Vater würde mich mehr unterstützen. (schlechter)

Ich finde es wichtig, dass das Haus sauber und aufgeräumt ist. (etwas besser)

Ich weiß, dass sie im Moment ziemlich viel zu bewältigen hat. (besser)

Ich erinnere mich noch gut, wie man sich als Teenager fühlt. (besser)

Ich weiß noch, wie sie als kleines Mädchen war. (besser)

Ich wünschte, sie wäre immer noch ein kleines Mädchen. (schlechter)

Ich weiß einfach nicht, was ich machen soll. (schlechter)

Na ja, kommt Zeit, kommt Rat. (besser)

Es gibt so vieles an ihr, was ich mag. (besser)

Ich weiß, es gibt Wichtigeres im Leben als ein aufgeräumtes Haus. (besser)

Es ist doch wohl nicht zu viel verlangt, wenn ich will, dass das Haus ordentlich aufgeräumt ist. (schlechter)

Es ist in Ordnung, dass ich mir ein aufgeräumtes Haus wünsche. (besser)

Es ist okay, dass sie im Moment andere Dinge im Kopf hat. (besser)

Es gibt dabei keine richtigen oder falschen Antworten, und niemand außer Dir selbst kann wirklich wissen, welche Deiner Gedanken bewirken, dass Du Dich besser, und welche, dass Du Dich schlechter fühlst. Der Wert dieser Methode besteht darin, dass Du ein Bewusstsein dafür entwickelst, wie sich Deine Gedanken anfühlen. So wirst Du immer geschickter darin werden, Gedanken auszuwählen, die sich besser anfühlen.

Viele Leute würden vermutlich fragen: »Aber was bringt es, wenn ich mich angesichts des schlampigen Verhaltens meiner Tochter besser fühle? Meine Gedanken haben schließlich keinen Einfluss auf ihr Verhalten.«

Wir aber sagen Dir, dass Deine Gedanken das Verhalten von allen Menschen und Dingen beeinflussen, die in Beziehung zu Dir stehen. Deine Gedanken bestimmen darüber, welche Erfahrungen Du in Dein Leben ziehst. Je besser Du Dich fühlst, desto besser gedeihen auch alle Menschen und Dinge in Deinem Umfeld. In dem Moment, wenn Du Dich besser fühlst, ändern sich alle Bedingungen und Zustände in Deinem Leben so, dass sie zu diesem besseren Gefühl passen.

Das Spiel »*Welcher Gedanke fühlt sich besser an?*« hilft Dir zu erkennen, wie die Macht Deiner Gedanken Deine gesamte Umgebung beeinflusst.

Abraham, verrate uns noch mehr über die Methode »*Welcher Gedanke fühlt sich besser an?*«

»Werde ich je damit aufhören, nach etwas Besserem zu streben?« Nein. Und wenn Du die Begrenztheit von Zeit und Geld aus der Gleichung herausnimmst und darauf vertraust, dass das Universum stets Mittel und Wege kennt, um jede Deiner Ideen zur Blüte zu bringen, kannst Du Deiner Imagination und Deinem Ideenreichtum freien Lauf lassen. Solange Du Dich aber begrenzt und eingeschränkt fühlst, wirst Du Dir immer wieder selbst Zügel anlegen und Deine Möglichkeiten nicht wirklich ausschöpfen.

Vielleicht sagst Du: »Wir haben im Moment einfach nicht das Geld, um uns unsere Wünsche erfüllen zu können. Wir würden gern eine neue Küche anschaffen, wollen uns deswegen aber auf keinen Fall verschulden. Was sollen wir also mit all diesen Ideen über eine schöne neue, nach unseren Vorstellungen gestaltete Küche anfangen?« Darauf entgegnen wir: Müssen sich diese Ideen denn jetzt sofort verwirklichen? Könntest Du Dich nicht zunächst einfach an den Ideen erfreuen?

Kannst Du nicht sagen: »Nun, im Moment ist es zwar noch nicht möglich, aber bald werden wir dieses und das tun«? So kannst Du Dich zunächst einmal an der Idee erfreuen, daran, wie sie allmählich reift und Gestalt annimmt. Wenn Du Dir aber einen Zeitplan setzt und einen festen Termin, wann die Idee verwirklicht sein soll, wird der Mangel an Zeit oder Geld oft zu einer schweren Last. Es baut sich Widerstand gegen die schöpferische Energie auf, und Du fühlst Dich schlecht. Dann wünschst Du Dir, Du wärest gar nicht erst auf die Idee gekommen. Aber Du und Dein Partner oder Deine Partnerin könnt Euch sagen: »Hm, wir haben noch ein ganzes Küchen-Leben vor uns. Unsere gegenwärtige Küchenmanifestation ist doch schon ganz ordentlich, und jetzt schauen wir einmal gespannt, welche Ideen für die Zukunft wir noch aushecken werden!« Dann zieht Ihr vielleicht eines Tages in ein neues Haus um und stellt verblüfft fest, dass dort bereits eine Küche eingebaut ist, die all die Merkmale aufweist, die Ihr zuvor imaginiert habt. Eines Tages werdet Ihr bestimmt genug Geld und Zeit haben, um Euch alle Eure Küchen-Träume zu erfüllen. Mit anderen Worten, das Universum ist immer bereit, Euch zur rechten Zeit zu allem zu verhelfen, was Ihr an Ideen gebärt und frei fließen lasst.

Es gibt dabei keinen richtigen oder falschen Weg

Eine gute Richtschnur ist: Wenn ein Wunsch sich gut anfühlt, wird sich alles wunderbar entfalten. Wenn Du bei dem Wunsch ein unbehagliches Gefühl hast, weist das darauf hin, dass der Wunsch Deine Vorstellung von dem, was möglich ist, noch zu weit übersteigt. Dann kannst Du Dein Unbehagen abmildern, indem Du Dir sagst: »Ich muss das ja nicht jetzt sofort verwirklichen. Ich betrachte es einfach als eine Idee für die Zukunft. Ich will es nicht aufgeben, denn ich weiß, dass es eine gute Idee ist. Im Moment lässt sie sich noch nicht realisieren, aber eines Tages werde ich sie verwirklichen. Für den Augenblick ist es schon einmal sehr befriedigend, solche wunderbaren Ideen zu haben.«

Welcher Gedanke fühlt sich besser an? Sich zu verschulden, um die Idee jetzt sofort zu verwirklichen, oder zu sagen: »Oh, das ist etwas, dass jetzt noch nicht machbar ist, auf das wir uns aber schon mal für die Zukunft freuen können«?

Jerry und Esther müssen sich immer wieder mit dieser Frage auseinandersetzen, weil Esther alles will, und sie will es immer sofort. Es gibt keinen irdischen Grund, warum sie nicht alles sofort haben könnte – außer dass sie mit einem Genießer verheiratet ist. Jerry hat keine Angst, dass ihm das Geld ausgehen könnte. Er hat Angst, dass ihm die Ideen ausgehen könnten. Mit anderen Worten, er möchte seine Ideen nicht zu schnell aufessen. Er möchte jede Idee in aller Ruhe genießen und bis zum letzten Bissen auskosten. Esther dagegen zieht es vor, nur ein paar schnelle Bissen zu probieren und dann zur nächsten Idee weiterzueilen. Esther isst bei einem Stück Kuchen zuerst die Praline, mit der es geschmückt ist, während Jerry sie sich bis zuletzt aufbewahrt. Esther fürchtet, dass sie die Praline nicht mehr will, wenn sie bis zum letzen Bissen des Kuchens wartet – darum isst sie sie zuerst.

Esther und Jerry haben also beide ihre eigene Art,

mit Ideen umzugehen. Es gibt hier keinen richtigen oder falschen Weg. Natürlich können wir Jerry versichern, dass ihm die Ideen niemals ausgehen werden, sodass er es sich leisten kann, auch einmal nur ein paar schnelle Bissen zu probieren. Doch dann erwidert er: »Aber ich liebe es, eine Idee in aller Ruhe zu entwickeln und sie sorgfältig auszugestalten. Je intensiver ich mich mit meinen Schöpfungen befasse, desto mehr Befriedigung bringen sie mir.« Also sagen wir: *Dann ist das genau der richtige Weg für dich. Es kommt immer darauf an, was sich für dich besser anfühlt.*

Welcher Gedanke fühlt sich besser an? Sich zu verschulden oder eine Sache auf später zu verschieben? *Die Sache zu verschieben.* Welcher Gedanke fühlt sich besser an? Zu sagen, dass Du nun einmal sparen musst und Dir bestimmte Dinge nicht leisten kannst, oder zu sagen, dass aufgeschoben nicht aufgehoben ist und Du Deine Pläne in der Zukunft immer noch verwirklichen kannst? *Zu sagen, dass ich meine Pläne später verwirklichen kann.* Welcher Gedanke fühlt sich besser an? Dich ständig zu ärgern, dass Deine Küche altmodisch ist, oder zu akzeptieren, dass diese Küche im Moment das Richtige für Dich ist und dass sie sich positiv weiterentwickeln wird, so wie Du Dich positiv weiterentwickelst. Welcher Gedanke fühlt sich besser an?

Was fühlt sich besser an – wertzuschätzen oder zu verurteilen? Was fühlt sich besser an – Dich zu dem zu beglückwünschen, was Du bereits geleistet hast, oder Dich zu kritisieren, weil Du nicht genug geleistet hast?

Denke darüber nach: *Welcher Gedanke fühlt sich besser an?*

Methode 14

Durch Aufräumen Klarheit schaffen

Diese Methode solltest Du anwenden, wenn

- Deine mangelnde Selbstorganisation Stress erzeugt;
- Du zu viel Zeit damit verbringst, nach Deinen Sachen zu suchen;
- Du Dich in Deinem Zuhause nicht mehr wohl fühlst;
- Du das Gefühl hast, nicht genug Zeit für alle Deine Aufgaben zu haben.

Gegenwärtige emotionale Bandbreite

Von der *Methode 14* wirst Du dann am meisten profitieren, wenn Dein gegenwärtiger Emotionaler Set-Point auf der Skala der Emotionen in folgendem Bereich liegt:

Von
(4), Positive Erwartung/Glaube
bis
(17), Ärger

(Wenn Du Dir nicht sicher bist, was Dein gegenwärtiger Emotionaler Set-Point ist, schlage im Anhang nach. Dort findest Du die 22 Stufen der Emotionalen Feedback-Skala.)

Eine unaufgeräumte, ungeordnete Umgebung kann bewirken, dass Du chaotische, ungeordnete Erfahrungen in Dein Leben ziehst. Wenn Du umgeben bist von unerledigter Arbeit, unbeantworteten Briefen, abgebrochenen Projekten, unbezahlten Rechnungen, unsortierten Papierstapeln, herumliegenden Zeitschriften und Katalogen und allem möglichen anderen Zeug, kann das Deine Lebenserfahrung negativ beeinflussen.

Weil alles seine eigene Schwingung ausstrahlt und weil Du in Schwingungs-Beziehung zu allem stehst, was Dich umgibt, haben Deine persönlichen Gegenstände einen Einfluss darauf, wie Du Dich fühlst und was Du in Dein Leben ziehst.

Beim Aufräumen und Ordnung schaffen gibt es zwei größere Hindernisse: Erstens ist es Dir vielleicht schon passiert, dass Du etwas weggeworfen hast, nur um dann später festzustellen, das Du es doch noch benötigt hättest. Und nun widerstrebt es Dir, überhaupt *irgendetwas* wegzuwerfen. Und zweitens denkst Du, dass Aufräumen zu viel von Deiner ohnehin knappen Zeit beansprucht, denn jedes Mal, wenn Du versucht hast, Ordnung zu schaffen, erwies sich das Sortieren als so mühsam, dass Du zwischendrin aufgegeben und ein noch größeres Durcheinander hinterlassen hast, als bereits vorhanden war.

Die *Methode 14, Durch Aufräumen Klarheit schaffen,* beseitigt diese Hindernisse, denn es handelt sich bei ihr um eine Sortier-Methode, die sich extrem rasch durchführen lässt, ohne dass die Gefahr besteht, Dinge wegzuwerfen, die Du später noch benötigen könntest.

Begonnen wird wie folgt: Besorge Dir mehrere stabile Kartons mit Deckeln, am besten solche von gleicher Größe und Farbe. Dann lassen sie sich sauber stapeln und sehen attraktiv aus. Wir schlagen vor, dass Du mit mindestens 20 Kartons beginnst. Hast Du die produktive Kraft dieser Methode einmal erkannt, kann es aber durchaus sein, dass Du noch mehr Kartons verwenden möchtest. (Außerdem benötigst Du ein Paket alphabetischer Karteikarten und einen Kassettenrekorder oder ein Diktiergerät.)

Stelle nun fünf oder sechs Kartons in die Mitte des Zimmers, das Du aufräumen möchtest. Vorher solltest Du alle 20 Kartons durchnummerieren und entsprechend beschriften. Schau Dich nun im Zimmer um, konzentriere Dich auf einen bestimmten Gegenstand und frage Dich: »Ist dieser Gegenstand für meine gegenwärtige Lebenssituation wichtig?« Lautet die Antwort Ja, dann lasse ihn, wo er ist. Lautet die Antwort Nein, lege ihn in einen der Kartons. Wähle dann einen weiteren Gegenstand und wiederhole den Vorgang, bis Du alle Gegenstände in diesem Zimmer erfasst hast.

Ein großer Vorteil dieser Methode besteht darin, dass Du nicht wirklich viel sortieren musst. Du entfernst einfach derzeit überflüssige Gegenstände aus Deiner Umgebung.

Jedes Mal wenn Du einen Gegenstand in den Karton legst, sprichst Du das auf den Recorder – zum Beispiel: »Ungeöffnete Packung mit Gitarrensaiten, Karton Nummer Eins«, oder: »Altes Handy, Karton Nummer Eins«. Da Du ja gleichzeitig fünf bis sechs Kartons geöffnet hast, kannst Du eine grobe, allgemeine Sortierung vornehmen. Mit anderen Worten, alle Zeitschriften kommen in den gleichen Karton, in einen anderen kommen alle Kleidungsstücke, in den dritten alle kleinen, schwer zu kategorisierenden Gegenstände – aber achte darauf, Dich bei dem Sortierungsprozess nicht zu verzetteln. Halte ihn simpel und unkompliziert. Nimm einfach den Gegenstand, entscheide, ob Du ihn momentan benötigst, und, wenn nicht, lege ihn in einen Karton. Sprich auf Kassette, um welchen Gegenstand es sich handelt und in welchen Karton Du ihn gelegt hast. Später kannst Du Dir dann Zeit nehmen, vielleicht ungefähr eine Stunde, um die auf Kassette gesprochenen Informationen auf die alphabetischen Karteikarten zu übertragen. Dort wirst Du dann unter »A« vielleicht *Ansichtskarten,* unter »B« *Badeanzug,* unter »C« *Comic-Hefte* notieren. …

Da Du nur eine grobe Sortierung vornimmst, wird diese Aufräum-Methode sehr schnell vonstatten gehen. Du wirst Dich rasch besser fühlen, während Du Zimmer für Zimmer Ordnung schaffst. Deine Angst, weggeräumte Dinge nicht mehr wiederzufinden, nimmst Du Dir dadurch, dass Du genau festhältst, was sich in welchem Karton befindet.

Suche Dir nun, vielleicht in einem Abstellraum oder der Garage, einen Platz, wo Du die Kartons gut zugänglich lagern kannst. Das gibt Dir das beruhigende Gefühl, alles jederzeit griffbereit zu haben, falls Du doch einmal etwas aus den Kartons benötigen solltest. Wenn Du die *»Gitarrensaiten, originalverpackt«* benötigst, brauchst Du nur in Deiner Kartei nachzuschauen, in welchem Karton sie sich befinden.

Wenn Du nach ein paar Wochen feststellst, dass

Du beispielsweise keinen der Gegenstände aus Karton Nummer 3 benötigt hast, könntest Du diesen Karton an einem weniger zugänglichen Lagerort verstauen, etwa im Gartenschuppen oder auf dem Speicher. Oder aber Du beschließt, den Inhalt wegzuwerfen oder zu verschenken. Damit wird Karton 3 frei für neue Aufräum-Aktionen. Wenn Du diese Methode beharrlich anwendest, wird Dir das die beruhigende Gewissheit verleihen, Deine häusliche Umgebung im Griff zu haben.

Manche Leute sagen uns, ein gewisses »kreatives Durcheinander« mache ihnen nichts aus, ja, sie empfänden es sogar als angenehm. Ihnen antworten wir, dass diese Methode dann für sie unnötig ist. Generell gilt aber, dass jeder Gegenstand in Eurer Umgebung seine eigenen Schwingungen ausstrahlt und dass nahezu alle Menschen sich in einer gut aufgeräumten, ordentlichen Umgebung wohler fühlen.

Abraham, verrate uns noch mehr über die Methode *Durch Aufräumen Klarheit schaffen*

Physische Wesen neigen dazu, allen möglichen Kram um sich herum anzusammeln. Die meisten von Euch gehen diesem Sammlertrieb nach, um sich mit dem Leben verbunden zu fühlen und beschäftigt zu sein. Mit anderen Worten, Ihr lebt in einer physischen Welt und die physische Manifestation ist wichtig für Euch geworden, doch dann versinkt ihr regelrecht in den Details Eurer Manifestation.

Ihr verbringt viel Zeit einfach nur damit, in Eurem Durcheinander nach Dingen zu suchen. Nicht nur sammelt ihr zu viele Dinge an und verliert dann den

Überblick, sondern dieser angesammelte materielle Ballast steht im Widerspruch zu dem Euch allen innewohnenden Freiheitsstreben. Wir haben bereits gesagt, dass das Gefühl der Traurigkeit mit einer inneren Leere einhergeht. Diese innere Leere versuchen viele Menschen dadurch zu füllen, dass sie *Materie ansammeln*. Sie kaufen sich Dinge, die sie eigentlich gar nicht brauchen, oder essen zu viel. Mit anderen Worten, Ihr seid ziemlich kreativ darin, diese Leere zu füllen. Und darum empfehlen wir unseren physischen Freunden oft: *Entfernt alles aus Eurem unmittelbaren Erfahrungsbereich, das für Euch hier und jetzt nicht wirklich wichtig ist.*

Wenn Ihr Euch von den Dingen befreit, die Ihr nicht braucht und sinnvoll nutzt, schafft das Freiraum und Klarheit. Dann können die Dinge, die sich in größerer Harmonie mit Eurem gegenwärtigen Schwingungszustand befinden, viel leichter zu Euch gelangen. *Ihr alle besitzt diese wunderbare Gabe, wie ein Magnet Gutes in Euer Leben zu ziehen, doch wenn Eure persönliche Umgebung mit Dingen vollgestopft ist, die Ihr eigentlich gar nicht mehr haben wollt, wird der Strom des Guten dadurch blockiert und behindert – und dann fühlt Ihr Euch frustriert und überfordert.*

Stelle Dir vor, Deine Umgebung wäre aufgeräumt und frei von Überflüssigem

Jerry und Esther erwähnten neulich, dass die Energie in ihrem Leben heute viel schneller fließt und dass ihre Ideen jetzt auch viel rascher Früchte tragen – was dazu führt, dass sie viel mehr zu bewältigen haben und in ihrem Leben oft ein großes Durcheinander herrscht. Mit anderen Worten, die Dinge materialisieren sich sehr schnell. Alle Arten von Dingen. Dann müssen sie sich um diese Dinge kümmern. Sie müssen aussortieren, archivieren, lesen – es ist einfach ständig etwas zu tun.

Darum ist es so wichtig, sich ein klares Bild vom eigenen Wohn- und Arbeitsumfeld zu machen. Stelle Dir also vor, Du wohnst und arbeitest in einer klaren, geordneten Atmosphäre, in der Du genau weißt, wo alle Deine Utensilien und Unterlagen zu finden sind. Stelle Dir vor, dass Du alle diese Dinge in einer Weise ordnest, die Du als sehr praktisch und angenehm empfindest. Erzeuge ein wirklich angenehmes inneres Bild. Es geht dabei darum, die Erleichterung, die das bringt, wirklich zu *fühlen*.

Esther erinnert sich immer wieder gern an ihre Mutter. Ihre Mutter war während Esthers gesamter Kindheit berufstätig. Dennoch mähte ihre Mutter die riesige Rasenfläche ihres großen Anwesens immer selbst, und zwar mit dem Handmäher – damals gab es noch keine Gartentraktoren, oder jedenfalls besaßen sie keinen. Esther erinnert sich gut daran, wie ihre Mutter den Rasen mähte. Dabei hat sich ihr vor allem ein Bild eingeprägt: Jener Moment, wenn der Rasen gemäht und der Rasensprenger eingeschaltet war. Dann setzte sich ihre Mutter auf die Veranda und genoss zufrieden den Anblick. Esther setzte sich neben sie, roch den Duft des frisch gemähten Grases, und das Gefühl tiefer Zufriedenheit, das ihre Mutter in diesem Moment ausstrahlte, übertrug sich auf sie.

Der Tag, an dem der Rasen gemäht wurde, war für Esther immer ein glücklicher Tag, weil ihre Mutter diese große Zufriedenheit ausstrahlte, wenn die Arbeit getan war und sie sich an dem Anblick des schönen Gartens freute. Ein ganz ähnliches Gefühl haben Jerry und Esther immer am Ende ihrer Seminare. Es ist dieses wunderbare Gefühl, eine Aufgabe gut erledigt zu haben. Alles scheint dann in Harmonie und am richtigen Platz zu sein.

Du solltest also, im Voraus, versuchen, dieses gute Gefühl in Dir wachzurufen. Dann baut sich die entsprechende positive Energie auf, und es stellen sich die nötige Klarheit und die richtigen Ideen ein, sodass sich die physische Realität entsprechend diesem Gefühl für Dich manifestieren kann.

Indem Du einen Gegenstand nach dem anderen in die Kartons legst, kannst in nur ein bis zwei Stunden alles Überflüssige aus einem Zimmer entfernen. Und weil Du auf Deinen Kassettenrekorder gesprochen hast, welche Gegenstände in welchen Kartons liegen, kannst Du Dich bei Gelegenheit in aller Ruhe hinsetzen und die Karteikarten ausfüllen. Wenn Du dann irgendwann zum Beispiel den Badeanzug suchst, brauchst Du nur in der Kartei nachzuschauen, in welchem Karton Du ihn verstaut hast.

Der Vorteil der Methode *Durch Aufräumen Klarheit schaffen* besteht darin, dass sie schnell erledigt ist. Du baust dabei kaum inneren Widerstand auf, weil ja alles, was Du möglicherweise irgendwann noch einmal brauchen wirst, rasch auffindbar ist.

Wenn die Leute diese Methode ausprobieren, machen sie meist die Erfahrung, dass sie die Dinge, die sie in die Kartons legen, nur selten, wenn überhaupt, noch einmal brauchen. Wenn Dir auffällt, dass ein Gegenstand schon ein oder zwei Jahre unberührt in seinem Karton liegt, wird es Dir viel leichter fallen, ihn für einen Wohltätigkeitsbasar zu spenden oder wegzuwerfen. Und währenddessen lebst Du in einer aufgeräumten, von überflüssigem Ballast befreiten Umgebung, sodass Deine schöpferische Energie ungehindert fließen kann.

Methode 15

Die Brieftaschen-Methode

Diese Methode solltest Du anwenden, wenn

- Du Dir mehr Geld wünschst;
- Du Deine Einstellung zum Geld verbessern möchtest, damit mehr davon in Dein Leben fließen kann;
- Du die Manifestation Deiner Wünsche endlich in Schwung bringen willst;
- Du das Gefühl hast, dass es Dir an Geld mangelt.

Gegenwärtige emotionale Bandbreite

Von der *Methode 15* wirst Du dann am meisten profitieren, wenn Dein gegenwärtiger Emotionaler Set-Point auf der Skala der Emotionen in folgendem Bereich liegt:

Von
(6), Hoffnung
bis
(16), Entmutigung

(Wenn Du Dir nicht sicher bist, was Dein gegenwärtiger Emotionaler Set-Point ist, schlage im Anhang nach. Dort findest Du die 22 Stufen der Emotionalen Feedback-Skala.)

Vermutlich gibt es in Eurer Kultur keine Schwingungen, die so häufig aktiviert werden wie jene, die um das Thema Geld kreisen. Viele Menschen glauben, dass ihr physisches Wohlergehen in erster Linie vom Geldfluss in ihrem Leben abhängt.

Ohne sich dessen bewusst zu sein, konzentrieren sich die Leute aber allzu oft auf den *Mangel,* das Fehlen des Geldes, statt auf *finanzielle Fülle.* Zwar identifizieren sie ihre Wünsche richtig, blockieren aber zugleich deren Erfüllung, weil sie daran gewöhnt sind, ihr Augenmerk auf das Fehlen des Geldes zu richten, statt sich auf das Hereinkommen und Vorhandensein desselben zu konzentrieren. Wieder einmal läuft alles darauf hinaus, dass jedes Thema seine zwei Seiten hat: Das, was Ihr Euch wünscht, und das Fehlen des Gewünschten: den Mangel.

Es ist ganz natürlich, dass Fülle, auch finanzielle Fülle reich in Dein Leben strömt. Die *Brieftaschen-Methode* hilft Dir, eine Schwingung auszustrahlen, die Dich empfänglich für Geld macht, statt es von Dir wegzustoßen.

Hier ist die Methode: Nimm einen 50-Euro-Schein und lege ihn in Deine Brieftasche oder Geldbörse. Trage ihn immer bei Dir, und jedes Mal, wenn Du die Brieftasche oder Geldbörse in die Hand nimmst, erinnere Dich daran, dass dieser Geldschein sich darin befindet. Fühle, wie angenehm es ist, dass Du ihn bei Dir trägst, und freue Dich an dem Gefühl der Sicherheit, das er Dir gibt.

Achte nun während des Tages darauf, was Du Dir

für die fünfzig Euro alles kaufen kannst: Wenn Du an einem schönen Restaurant vorbeikommst, sage Dir, dass Du dort gut essen könntest. Wenn Du im Schaufenster eines Kaufhauses etwas in dieser Preislage siehst, sage Dir, dass Du es Dir jederzeit kaufen kannst, weil Du die fünfzig Euro in der Brieftasche hast.

Weil Du den Geldschein bei Dir trägst, ohne ihn sofort auszugeben, stellt sich der Schwingungs-Vorteil, sich in positiver Weise mit Geld zu beschäftigen, jedes Mal ein, wenn Du nur über das Geld *nachdenkst*. Mit anderen Worten, wenn Du Deine fünfzig Euro sofort für die erstbeste Sache ausgibst, die Deine Aufmerksamkeit erregt, kannst Du das angenehme Gefühl finanziellen Wohlergehens nur *einmal* genießen. Wenn Du dagegen Deine fünfzig Euro an jenem Tag *mental* zwanzig- oder dreißigmal ausgibst, aktivierst Du diese positive Schwingung in Dir viel öfter, so als hättest Du, statt fünfzig, tausend oder tausendfünfhundert Euro ausgegeben.

Jedes Mal, wenn Du anerkennst, dass der Geldschein in Deiner Brieftasche Dir die Macht gibt, dieses oder jenes zu kaufen, steigerst Du damit Dein Gefühl finanziellen Wohlbefindens, und dadurch verändern sich Dein Aufmerksamkeits-Fokus und Deine Schwingungsfrequenz.

Verstehst Du? Du musst nicht wohlhabend *sein*, um Wohlstand *anzuziehen*, aber Du musst Dich wohlhabend *fühlen*. Noch deutlicher kann man es so formulieren: *Jedes Gefühl eines Mangels an Wohlstand erzeugt Widerstand, der dann verhindert, dass Du Wohlstand erlangst.*

Wenn Du diese fünfzig Euro mental wieder und wieder ausgibst, übst Du Dich in den Schwingungen des Wohl-Seins, der Fülle und finanziellen Sicherheit. Das Universum reagiert dann auf diese Schwingung, indem es manifestierten Wohlstand in Dein Leben bringt.

Hast Du dieses wunderbare Gefühl finanziellen Wohlstandes einmal erreicht, werden in Deinem Leben Dinge geschehen, die Dir wie Magie erscheinen: Du wirst mit dem Geld, das Du momentan verdienst, viel besser als bisher auskommen. Unerwartete Geldbeträge werden Dir zufließen. Vielleicht gibt Dein Chef Dir unerwartet eine Gehaltserhöhung. Du bekommst beim Einkaufen überraschende Rabatte und Vergütungen. Du wirst Geld aus den erstaunlichsten Quellen erhalten. Du wirst erleben, dass Dinge, die Du Dir sehnlichst wünschst und für die Du bereitwillig Geld ausgegeben hättest, Dir unverhofft geschenkt werden, ohne dass Du einen Cent dafür investieren musst. Man wird Dir geschäftliche oder berufliche Angebote machen, die es Dir ermöglichen, mit Leichtigkeit ein hervorragendes Einkommen zu erzielen. … Nach einiger Zeit wird es sich anfühlen, als hätten sich alle Schleusentore geöffnet. Der Wohlstand wird so reichlich in Dein Leben strömen, dass Du Dich fragen wirst, wo all diese Fülle sich vorher so lange vor Dir verborgen hat!

Ich könnte mir das hier kaufen. Das da ist hübsch, und ich kann es mir leisten. …

Und weil Du Dir mit Deinen fünfzig Euro diese Dinge tatsächlich kaufen kannst und nicht nur etwas vorgibst, was nicht wirklich vorhanden ist, werden keine Zweifel und negativen Gedanken das Wasser Deines finanziellen Stroms verunreinigen und aufstauen.

Das ist eine einfache, aber äußerst wirkungsvolle

Methode, um Deine finanziellen Schwingungsfrequenzen zu verändern. Wenn sich Deine finanzielle Situation verbessert, können aus Deiner Rücklage von 50 Euro leicht 500, dann 5000 und schließlich 50.000 Euro und mehr werden. Die Quellen, aus denen das Universum Dir Wohlstand zufließen lässt, sind unerschöpflich. Die einzige Vorbedingung ist, dass Du ein gutes Gefühl gegenüber dem Geld entwickeln musst, damit es ungehindert in Deinen Erfahrungsbereich strömen kann.

Du musst zunächst ein positives Gefühl in Bezug auf materiellen Wohlstand entwickeln. Erst dann kann materieller Wohlstand für Dich Wirklichkeit werden.

Abraham, verrate uns noch mehr über die *Brieftaschen-Methode*

Denke daran, dass Du Dich nicht *aller* Mangel-Gedanken enthalten musst. Das wäre auch gar nicht möglich, denn das Mangel-Denken ist in Eurer Kultur so weit verbreitet, dass Du Dich diesem negativen Einfluss nicht völlig entziehen kannst. Alles, was Du tun musst, ist, bewusst mehr Wohlstands-Gedanken auszustrahlen und so eine Energieverlagerung hin zu größerer Fülle zu bewirken. Lenke die nichtphysische Energie bewusster und stärker als bisher in Richtung des erwünschten Wohlstandes. Indem Du tagsüber immer wieder nach schönen Dingen Ausschau hältst, die Du Dir für 50 Euro kaufen kannst, setzt Du die nicht-physische Energie gezielt ein, um Dich reicher und wohlhabender zu *fühlen*.

Einmal sagte jemand zu uns: »Abraham, man merkt,

dass ihr lange nicht mehr physisch verkörpert wart – mit 50 Euro kommt man heutzutage nicht weit.« Darauf entgegneten wir: *Dann hast Du nicht verstanden, worum es geht. Wenn Du tausend Mal am Tag 50 Euro ausgibst, macht das zusammen 50.000 Euro. Dadurch wird Dein Gefühl des Wohlstandes enorm erhöht. Und auf dieses Gefühl kommt es an, denn es bestimmt, was Du in Dein Leben ziehst.*

Die *Brieftaschen-Methode* ist eine weitere spielerische Möglichkeit, Dich bewusst auf das zu konzentrieren, was Dir gut tut und Freude macht.

Methode 16

Umkehrung

Diese Methode solltest Du anwenden, wenn

- Du merkst, dass etwas, was Du gerade gesagt hast, das genaue Gegenteil von dem ist, was Du eigentlich in Dein Leben ziehen möchtest;
- Du Deinen Aufmerksamkeits-Fokus und damit Deine Schwingungsfrequenz verbessern willst;
- Du Dich relativ gut fühlst, aber weißt, dass Du Dich noch besser fühlen könntest, und diese positive Veränderung jetzt gleich in die Tat umsetzen willst.

Gegenwärtige emotionale Bandbreite

Von der *Methode 16* wirst Du dann am meisten profitieren, wenn Dein gegenwärtiger Emotionaler Set-Point auf der Skala der Emotionen in folgendem Bereich liegt:

Von
(8), Langeweile

bis
(17), Ärger

(Wenn Du Dir nicht sicher bist, was Dein gegenwärtiger Emotionaler Set-Point ist, schlage im Anhang nach. Dort findest Du die 22 Stufen der Emotionalen Feedback-Skala.)

Es ist möglich, dass Du Dich gegenüber dem, was Du Dir eigentlich wünschst, in genau gegensätzlicher Schwingungsfrequenz befindest, ohne Dir dessen bewusst zu sein. Das ist wie die beiden Enden eines Stocks. Wenn Du den Stock aufhebst, hebst Du beide Enden auf. Die *Umkehrungs-Methode* hilft Dir, klarer zu erkennen, welches Ende des Stocks Du momentan aktiviert hast: das Ende, bei dem das, was Du Dir wünschst, im Mittelpunkt steht, oder das Ende, bei dem es um die *Abwesenheit* des Gewünschten geht.

Die Gegensätzlichkeit Eurer Raum-Zeit-Realität ist extrem nützlich, denn Gegensätze helfen Euch dabei, Eure Gedanken zu fokussieren: Immer, wenn Du weißt, was Du nicht willst, wird Dir auch deutlich bewusst, was Du willst. Und wenn Du weißt, was Du willst, wird Dir ebenso deutlich bewusst, was Du nicht willst. Der Umgang mit Kontrasten und Gegensätzen schärft also Konzentrationsfähigkeit und Unterscheidungsvermögen und bringt immer neue Vorlieben und Wünsche hervor. Tatsächlich ist es diese wertvolle Gegensätzlichkeit, der Kontrast-Reichtum der materiellen Welt, der die ewige Expansion von Alles-Was-Ist sicherstellt.

Die *Umkehrungs-Methode* ist oft der erste Schritt zur Veränderung Deiner bislang gewohnten Schwingungsfrequenz. Sie ermöglicht es Dir, klarer zu definieren, was genau Du Dir wünschst. Da sich aber die

Schwingungen am einen Ende des Stocks zumeist sehr stark von den Schwingungen am anderen Ende unterscheiden, kannst Du Deine Schwingungsfrequenz normalerweise nicht einfach dadurch ändern, dass Du Deinen Wunsch artikulierst.

Wenn Du zum Beispiel krank bist, weißt Du sehr klar, dass Du gesund werden willst. Oder wenn es Dir an Geld mangelt, weißt Du sehr klar, dass Du mehr Geld haben möchtest. Wenn Du nun Deine Aufmerksamkeit dem zuwendest, was Du Dir wünschst, und Dich immer wieder darauf konzentrierst, wird sich Deine Schwingungsfrequenz dementsprechend verändern.

Anfangs hilft Dir Dein Bewusstsein dessen, was Du *nicht* willst, klar zu identifizieren, was Du *willst*. Mit anderen Worten, wenn Du Deinen Wunsch zum ersten Mal aussprichst, wird Deine Schwingungsfrequenz noch nicht zu Deinen Worten passen. Um das zu ändern, kannst Du nun die Methode der *Umkehrung* anwenden: Jedes Mal wenn Dir eine negative Emotion anzeigt, dass Du Dich auf etwas nicht von Dir Gewünschtes konzentrierst, hältst Du inne und fragst Dich: *Ich weiß, was ich nicht will. Was also will ich stattdessen?* Wenn Du das immer wieder praktizierst, wird sich Deine Schwingungsfrequenz bezüglich dieses Themas nach und nach verändern. Und schließlich wird diese neue, positive, Deinem Wunsch entsprechende Schwingung zu Deinem beherrschenden Gedanken werden.

Die *Umkehrungs-Methode* ermöglicht Dir eine allmähliche Veränderung Deines Aufmerksamkeits-Fokus und Deiner Schwingungsfrequenz, und so kann das Positive, das Du Dir wünschst, endlich zu Dir gelangen. Wenn Du Deine Aufmerksamkeit immer wieder beharrlich auf das richtest, was Du Dir *wünschst,* dann *wird* Dein Wunsch in Erfüllung gehen. Es kann gar nicht anders sein, denn das *Gesetz der Anziehung* sorgt dafür, dass sich stets das, worauf Du Dich überwiegend konzentrierst, in Deinem Leben materialisiert.

Abraham, verrate uns noch mehr über die *Umkehrungs-Methode*

Vor allem müsst Ihr Euch immer wieder klar machen, dass Ihr alle Eure Erfahrungen selbst in Euer Leben zieht, und zwar durch die Gedanken, die Ihr ins Universum ausstrahlt. Gedanken sind magnetisch, und wenn Ihr einen Gedanken denkt, zieht er immer mehr andere Gedanken an, bis es schließlich zu einer physischen Manifestation der Schwingungs-Essenz Eures Gedankenmusters kommt.

Ihr alle habt (das wissen wir) schon das erlebt, was Ihr als negative Emotion betrachtet (Ihr nennt sie zum Beispiel Furcht, Frustration, Einsamkeit, da Ihr der negativen Emotion viele verschiedene Namen gebt). Dabei spielt sich Folgendes ab: Ihr denkt einen Gedanken, der nicht in Harmonie zu Eurem *Inneren Sein* schwingt.

Im Laufe all Eurer Lebenserfahrungen, den physischen und den nicht-physischen, hat Euer *Inneres Sein* ein tiefes Wissen entwickelt, welche Gedanken und welche Wünsche gut für Euch sind. Wenn Ihr Euch in Eurem jetzigen physischen Körper auf einen Gedanken konzentriert, der nicht mit dem tieferen Wissen Eures *Inneren Seins* harmoniert, dann resultiert daraus eine negative Emotion.

Wenn Ihr auf Eurem Fuß sitzt, sodass er durch die gestörte Blutzirkulation zu kribbeln beginnt, oder wenn man Euch eine Schlinge um den Hals legen wurde und dadurch die Luftzufuhr blockiert, so würde Euch die dadurch hervorgerufene Einschränkung und Blockade sofort bewusst. Wenn Ihr Gedanken denkt, die nicht in Harmonie mit Eurem größeren Wissen sind, wird in gleicher Weise das Fließen der Lebensenergie – *jener Energie, die aus Eurem Inneren Sein in Euren physischen Körper fließt* – behindert oder unterdrückt. Das macht sich dann in Form von negativer Emotion bemerkbar. Wenn Ihr zulasst, dass dieser negative Zustand über längere Zeit andauert, kommt es schließlich zu einer Schwächung Eures physischen Systems und gesundheitlichen Störungen. Darum sagen wir: Alle Krankheiten entstehen durch eine negative Emotion, die Ihr in Eurem Bewusstsein duldet.

Wenn Ihr negative Energie spürt, zeigt Euch das zuverlässig an, dass Ihr Euch momentan nicht in Harmonie mit Eurem tieferen Wissen befindet. Folgerichtig werdet Ihr sagen: Ich möchte mich möglichst die meiste Zeit über gut fühlen. Das ist eine wirklich bedeutsame Erkenntnis, denn damit sagt Ihr eigentlich: *Ich möchte positive Schwingungen ausstrahlen.* Oder: *Ich möchte positive, sich gut anfühlende Gedanken denken, die mit meinem größeren Bewusstsein, meinem Inneren Sein, harmonieren.*

Umkehrung heißt: Weg vom Unerwünschten, hin zum Erwünschten

Vielen Menschen würde es sehr viel leichter fallen, sich gut zu fühlen, wenn sie nicht so vielen negativen Einflüssen aus ihrer Umgebung ausgesetzt wären. Aber da Ihr nun einmal in einer Dimension lebt, wo Ihr ständig von einer schier unendlichen Masse an Gedanken beeinflusst werdet, ist es von großem Wert, wenn eine Methode Euch hilft, von dem, was Ihr *nicht* wollt, hin zu dem zu gelangen, was Ihr *wollt.* Die Umkehrung ist eine solche Methode.

Wenn Du eine negative Emotion spürst, ermöglicht Dir das in ausgezeichneter Weise, dir darüber klar zu werden, was Du willst. Denn nie weißt Du klarer, was Du willst, als in einer Situation, in der Du das erlebst, was Du nicht willst. Halte also in einem solchen Augenblick inne und sage Dir: *Hier geschieht gerade etwas Wichtiges, sonst würde ich nicht diese negative Emotion empfinden. Ich muss mich auf das konzentrieren, was ich wirklich will und mir wünsche.* Sobald Du in dieser Weise Deine Aufmerksamkeit umkehrst, verschwindet die negative Emotion und Du ziehst nicht länger die entsprechenden negativen Manifestationen in Dein Leben. Im selben Moment, in dem die negative Anziehung aufhört, beginnt die positive Anziehung. Statt Dich schlecht zu fühlen, wirst Du nun beginnen, Dich gut zu fühlen. So funktioniert die Methode der *Umkehrung.*

Du wirst Dich niemals an einem Ort befinden, wo ausschließlich positive Emotionen und vollkommen reine positive Energie anzutreffen sind. Aber alle Wünsche, die in Dir entstehen, sind ein automatischer und natürlicher Ausgleich für den in jeder erdenklichen Umgebung auftretenden Mangel. Deine Lebensaufgabe besteht also darin, klar das zu definieren, was Du Dir wünschst, und dann Deine Gedanken bewusst immer wieder in Richtung des Gewünschten zu lenken. Das emotionale Feedback in Gestalt negativer oder positiver Emotion, das Du aus Deinem *Inneren Sein* empfängst, ermöglicht es Dir, jederzeit festzustellen, auf welcher Seite der Gleichung, an welchem Ende des Stocks Du Dich gerade befindest: Denkst Du an das, was Du Dir wünschst, oder an dessen Fehlen: an den Mangel?

Ein junger Vater rief an und berichtete: »Abraham, mein Sohn macht noch immer ins Bett, obwohl er dafür schon zu alt ist. Ich habe alles Erdenkliche versucht und bin mit meinem Latein am Ende.« Und wir fragten: *Was geschieht, wenn du morgens das Kinderzimmer betrittst?* Er antwortete: »Ich komme herein und weiß, dass es wieder passiert ist. Das rieche ich sofort.« Wir sagten: *Und was empfindest du in einem solchen Moment?* Er antwortete: »Ich bin enttäuscht und dann wütend und dann frustriert, weil es immer weitergeht, und ich nicht weiß, was ich dagegen machen soll.«

Und wir sagten: *Aha, du sorgst dafür, dass das Bettnässen zum Dauerproblem wird.* Er fragte: »Was soll ich tun?« Darauf antworteten wir: *Was sagst du zu deinem kleinen Jungen?* Und er erwiderte: »Ich sage ihm, er soll seine nassen Sachen ausziehen und sich in die Wanne setzen. Ich frage ihn, wie oft ich ihm noch sagen soll, dass er schon viel zu groß ist, um ins Bett zu machen.« Darauf haben wir geantwortet: *Wenn du ins Zimmer kommst und die negative Emotion fühlst, weil das, was du <u>nicht</u> willst, wieder geschehen ist, halte inne und frage dich, was* *du willst, und konzentriere dich gedanklich darauf, bevor du dich dem Jungen widmest. Dann wird das Problem schon bald verschwinden.*

Wir fragten diesen Vater, inwieweit seine Erfahrung ihm geholfen habe zu erkennen, was er wirklich will und sich wünscht. Er antwortete: »Ich wünsche mir, dass mein Junge morgens glücklich aufwacht, trocken und stolz auf sich selbst, und sich nicht schämen muss.« Wir sagten: *Gut, wenn du solche Gedanken denkst, werden die Schwingungen, die du ausstrahlst, mit deinem Wunsch harmonieren, statt im Widerspruch dazu zu stehen. Dann bist du positiv eingestimmt und übst dadurch einen machtvollen Einfluss auf deinen kleinen Sohn aus. Dann wirst du Dinge sagen wie: »Oh, das gehört zum Erwachsenwerden dazu. Wir alle haben das durchgemacht, als wir Kinder waren. Und du bist schon ein großer Junge und wächst sehr schnell. Nun zieh dir deine nassen Sachen aus und ab in die Badewanne.«* Nach wenigen Wochen rief uns dieser junge Vater wieder an und berichtete, das Bettnässen habe völlig aufgehört.

Verstehst Du? Es ist wirklich so einfach. Wenn Du Dich schlecht fühlst, zeigt das an, dass Du gegenwärtig dabei bist, unangenehme Erfahrungen in Dein Leben zu ziehen. Und das liegt immer daran, dass Du Dich auf den Mangel an etwas konzentrierst, das Du Dir eigentlich herbeiwünschst. Die *Umkehrungs-Methode* ermöglicht es Dir, bewusst herauszufinden, was Du Dir wünschst. Wir wollen damit keineswegs sagen, dass die negative Emotion eine schlechte Sache ist, denn sehr oft warnt sie Dich, dass Du gerade dabei bist, negative Erfahrungen in Dein Leben zu ziehen. Sie ist also wie eine Alarmglocke ein Teil Deines Feedback-Systems.

Wir möchten Dich sehr dazu ermutigen, Dich nicht selbst fertigzumachen, wenn Du bemerkst, dass Du eine negative Emotion fühlst. Halte aber so schnell wie möglich inne und sage Dir: *Ich fühle gerade eine negative Emotion. Das bedeutet, dass ich momentan dabei bin, etwas in mein Leben zu ziehen, das ich* ***nicht*** *haben will. Was* ***will*** *ich wirklich? Was wünsche ich mir?*

Eine sehr einfache Umkehrungs-Methode besteht darin, zu sagen: *Ich möchte mich gut fühlen.* Jedes Mal, wenn Du Dich schlecht fühlst, hältst Du inne und sagst: *Was ich wirklich will ist, mich gut fühlen.* Wenn Du diesen Gedanken ausstrahlst, dann wird Dein ganzes Bewusstsein in positive Bahnen gelenkt. Und da ein Gedanke den nächsten anzieht, wirst Du rasch auf einer Frequenz schwingen, die sich in Harmonie mit Deinem tieferen Wissen befindet. Und dann werden positive, sich gut anfühlende physische Manifestationen nicht lange auf sich warten lassen.

Gedanken verbinden sich mit Gedanken, die sich wiederum mit Gedanken verbinden

Unser Freund Jerry hat eine sehr anschauliche Analogie für die Art und Weise gefunden, wie Deine Gedanken sich mit anderen Gedanken verbinden. Er beschrieb ein großes Schiff, das in den Hafen einläuft. Es wird mit einem Tau am Kai festgebunden, das über dreißig Zentimeter dick und viel zu schwer ist, um es über das Wasser an Bord zu werfen. Also wird ein dünner Strick hinübergeworfen, der in einen dickeren Strick übergeht, der in einen noch dickeren Strick übergeht. So lässt sich schließlich auch das sehr dicke Tau mühelos an Bord ziehen. Genauso greifen auch Deine Gedanken ineinander.

Bei manchen Themen hast Du schon lange am negativen Tau gezogen, und deshalb gerätst Du dort immer wieder leicht in negative Denkmuster hinein. Dazu genügt eine kurze Bemerkung, die jemand beiläufig äußert, eine Erinnerung oder kleine Suggestion, und schon wird bei Dir die vertraute negative Denkspirale in Gang gesetzt. Es fällt Dir manchmal allein deshalb schwer, dieses negative Tau loszulassen, weil Du es schon so lange festhältst. Wenn Du Dir aber klar machst, dass negative Gefühle bedeuten, dass Du etwas Negatives in Dein Leben ziehst, und Du es deshalb zu Deinem ersten und wichtigsten Ziel machst, Dich gut zu fühlen, dann wird es Dir ziemlich leichtfallen, das Tau loszulassen.

Wir empfehlen Dir vor allem die *Umkehrungs-Methode* und das *Buch der positiven Aspekte*, um bereits im Frühstadium zu erkennen, wenn Du an dem dünnen negativen Strick ziehst, noch ehe er zu einem dicken Tau werden kann. Dann kannst Du ihn sofort loslassen und stattdessen nach dem positiven Strick greifen.

Indem wir darüber sprechen, wie Gedanken ineinander greifen und sich verbinden, möchten wir Dich auf etwas hinweisen, das Dir vielleicht bislang entgangen ist: *Es ist viel einfacher, von einem kleinen Gedanken an etwas, das sich gut anfühlt, zu weiteren sich gut anfühlenden Gedanken überzugehen und so allmählich in einen besseren Gefühlszustand zu gelangen – als aus einem negativen Zustand, in dem Du dich sehr schlecht fühlst, abrupt und übergangslos in einen sehr positiven Zustand überzuwechseln.*

Versuche nicht, die Welt zu retten – rette Dich selbst

Weil Gedanken so *anziehend* sind (es ist ihre Natur, immer mehr von ihresgleichen anzuziehen), ist es leichter, in der Konzentration auf einen negativen, sich schlecht anfühlenden Gedanken zu verharren, bis sich eine große Menge negativer Energie aufgebaut hat, als seine Aufmerksamkeit *abzuwenden* und sie auf das zu lenken, was Du Dir wirklich wünschst.

Aus diesem Grund möchten wir Dir jetzt die beste *Umkehrungsübung* überhaupt empfehlen. Statt ohne klare Vorstellung, was Du eigentlich wirklich willst, durch den Tag zu gehen und darauf zu warten, dass Dir ein negativer Gedanke auffällt, den Du dann *umkehren* kannst, ist das Folgende viel produktiver: *Entscheide Dich dafür, während des ganzen Tages bewusst nach positiven Aspekten Ausschau zu halten.*

Versuche nicht, die Welt zu retten – rette Dich selbst. Das heißt, dass Du Dich darauf konzentrieren sollst, was *Dir selbst* wirklich gut tut. Die Umkehrungs-Methode ist ein Werkzeug, das Dir hilft, Deine Wünsche zu erkennen und zu verwirklichen. Bei dieser Methode triffst Du immer wieder eine bewusste Wahl: *Ja, ich werde meine Aufmerksamkeit auf das richten, was ich wirklich will. Und ich werde mich nicht länger auf den Mangel konzentrieren, das Fehlen des Gewünschten.*

Umkehrung ist der beständige, von Zeit-Segment zu Zeit-Segment durchzuführende Vorgang, Negatives, Unerwünschtes zu erkennen und sich bewusst auf das Gewünschte zu konzentrieren. Es ist der Weg zum Wohlgefühl, zum Wohl-Sein – und der Weg, auf dem Du Dir alle Deine Wünsche erfüllen kannst.

Methode 17

Das Rad der Aufmerksamkeit

Diese Methode solltest Du anwenden, wenn

- Du bemerkst, dass Dein momentaner Aufmerksamkeits-Fokus und somit Deine Schwingungsfrequenz nicht Deinen Wünschen entsprechen;
- Du negative Gefühle bezüglich eines wichtigen Themas verspürst und Du Dir stattdessen positive Empfindungen wünschst;
- gerade etwas geschehen ist, das Dir nicht gefällt, und Du Deinen Aufmerksamkeits-Fokus positiv verändern möchtest, damit dergleichen sich nicht wiederholt;
- Du Erleichterung und Linderung suchst.

Gegenwärtige emotionale Bandbreite

Von der *Methode 17* wirst Du dann am meisten profitieren, wenn Dein gegenwärtiger Emotionaler Set-Point auf der Skala der Emotionen in folgendem Bereich liegt:

Von
(8), Langeweile
bis
(17), Ärger

(Wenn Du Dir nicht sicher bist, was Dein gegenwärtiger Emotionaler Set-Point ist, schlage im Anhang nach. Dort findest Du die 22 Stufen der Emotionalen Feedback-Skala.)

Durch die Lebenserfahrungen, denen sie ausgesetzt sind, gelangen die Menschen oft zu Überzeugungen, die sie in einem negativen Schwingungsmuster festhalten. Dieses Schwingungsmuster hindert sie daran, sich ihre Wünsche zu erfüllen. Und obwohl solche Überzeugungen ihnen nicht gut tun, verteidigen diese Leute ihre ständige Konzentration auf diese unangenehmen Situationen oder Zustände mit dem Argument, das sei nun einmal die Wahrheit, die Dinge seien nun einmal so.

Wir möchten Dich daran erinnern, dass alles, was sich zu einer physischen, sinnlich wahrnehmbaren, definierbaren Wahrheit manifestiert, dies nur deshalb tun konnte, weil jemand ihm genügend Aufmerksamkeit gewidmet hat. Aber dass jemand sich auf diese Weise seine persönliche *Wahrheit* erschaffen hat, bedeutet keineswegs, dass dies irgendetwas mit Dir oder mit Deinen eigenen Schöpfungen zu tun hat.

In dem Versuch, die Tatsachen und Ereignisse Deines Lebens zu dokumentieren, hältst Du, oft unwissentlich, an einem Schwingungsmuster fest, das Deine »Wahrheit« immer wieder zu bestätigen scheint. Dabei ist diese Wahrheit keineswegs absolut, sondern ausschließlich darauf zurückzuführen, dass Du Dich entschieden hast, bestimmten Phänomenen Aufmerksamkeit zu schenken. Dadurch gelangst Du in Schwingungs-Harmonie zu diesen Phänomenen, und das *Gesetz der Anziehung* bewirkt dann, dass Du dementsprechende Erfahrungen machst.

Manchmal sagt jemand zu uns: »Aber, Abraham, ich kann diese Dinge doch nicht einfach ignorieren. Schließlich sind sie wahr!« Darauf entgegnen wir: *Sie sind nur wahr, weil jemand sie wahr gemacht hat, indem er ihnen Aufmerksamkeit widmete.* Was der Betreffende damit wirklich sagen will, ist Folgendes: »Weil jemand dieser Sache Aufmerksamkeit gewidmet und sie so, durch das *Gesetz der Anziehung,* in seinen Erfahrungsbereich eingeladen hat, werde ich das auch tun.« Oder, anders formuliert: »Obwohl ich diese Sache nicht will, bin ich verpflichtet, sie in meiner Realität zu erschaffen, nur weil eine andere Person sie in ihrer Realität erschaffen hat.«

Es gibt viele Dinge, die wahr und *wünschenswert* sind. Und es gibt viele Dinge, die wahr und *nicht* wünschenswert sind. Wir raten Dir dringend, Deine Aufmerksamkeit all dem zu widmen, was wünschenswert ist. Lass diese wundervollen Dinge zur Wahrheit Deines Lebens werden.

Die meisten Leute haben jedoch bedauerlicherweise ihre Gedanken nicht bewusst in positive, erfreuliche Bahnen gelenkt, und so entwickeln sie, ohne sich dessen bewusst zu sein, bestimmte Denkmuster, die sie dann ständig wiederholen.

Natürlich gibt es Denkmuster, die außerordentlich nützlich sind. Andere dagegen sind es ganz und gar nicht. Daher haben wir die Methode *Das Rad der Aufmerksamkeit* entwickelt. Sie hilft Dir, Deine Schwingungsmuster bezüglich jener Themen zu ändern, die negative Auswirkungen auf Dein Wohlbefinden haben. Die Methode versetzt Dich in die Lage, Gedanken einzuüben, die sich besser anfühlen – und daher positivere Erfahrungen in Dein Leben ziehen.

Wir empfehlen Dir, diese Methode fünfzehn bis zwanzig Minuten lang zu praktizieren, und zwar immer dann, wenn Du starke negative Gefühle empfindest oder größere gedankliche Klarheit erlangen willst.

Eine starke negative Emotion lenkt Deine Aufmerksamkeit auf ein Thema, bei dem Du Deine Energie verändern solltest. Sie ist also Hinweis auf eine Gelegenheit, positive gedankliche Veränderungen vorzunehmen und dadurch positivere Erfahrungen in Dein Leben zu ziehen. Durch das *Rad der Aufmerksamkeit* wirst Du die Verbesserungen, die Du erreichst, wesentlich klarer und intensiver spüren können. Diese Methode empfiehlt sich, wenn Du Dir sehr klar einer Sache bewusst bist, die Du als auf keinen Fall erstrebenswert betrachtest.

Bei dieser Methode machst Du eine allgemeine Aussage, die zu Deinem Wunsch passt. Mit anderen Worten, Du strebst danach, Deine Gedanken und Deinen Wunsch in Einklang zu bringen. Und wie erkennst Du, ob Dir das gelungen ist? Du spürst dann ein deutliches Gefühl der Erleichterung. Mit anderen Worten, die positive, Deinen Wunsch bejahende Feststellung, die Du triffst, hat eine wohltuende, lindernde Wirkung. Du fühlst Dich nachher etwas besser. Und wenn es Dir gelingt, für mindestens 17 Sekunden in diesem neuen, angenehmeren Aufmerksamkeits-Fokus zu verweilen, können sich neue Gedanken an den ersten anhängen. Es bildet sich eine positive Gedankenkette, durch die Deine neu gewonnene Überzeugung weiter verstärkt wird.

Ein Beispiel für die Methode *Rad der Aufmerksamkeit*

Zeichne einen großen Kreis auf ein Blatt Papier. Zeichne dann einen kleineren Kreis von etwa 5 Zentimetern Durchmesser in die Mitte des großen Kreises. Setze Dich entspannt hin, betrachte den kleinen Kreis und fühle, wie Deine Augen sich auf ihn fokussieren.

Schließe nun für einen Moment die Augen und wende Deine Aufmerksamkeit der Angelegenheit zu, die in Dir negative Gefühle geweckt hat. Identifiziere klar und eindeutig das, was Du *nicht* willst.

Sage Dir: *Nun, ich weiß genau, was ich nicht will. Was aber will ich?*

Es ist dabei hilfreich, wenn Du das, was Du nicht willst, und das, was Du willst, anhand der dabei jeweils auftretenden Gefühle identifizierst.

Zum Beispiel:

Ich fühle mich zu dick, und ich möchte mich schlank fühlen.

Ich fühle mich arm, und ich möchte mich reich fühlen.

Ich fühle mich ungeliebt, und ich möchte mich geliebt fühlen.

Ich fühle mich getäuscht, und ich möchte mich respektiert und anständig behandelt fühlen.

Ich fühle mich krank, und ich möchte mich gesund fühlen.

Ich fühle mich ohnmächtig, und ich möchte mich stark fühlen.

Als Nächstes schreibst Du um den Außenrand Deines großen Kreises Aussagen, die dem entsprechen, was Du Dir wünschst. Du wirst *spüren,* ob eine Aussage passend ist oder nicht. Diese Methode ist so wirkungsvoll, weil Du die Aussagen, die Du aufschreibst, bewusst auswählst. Es handelt sich um allgemeine Aussagen, von deren Richtigkeit Du bereits überzeugt bist und die zu Deinem Wunsch passen. Die Sache funktioniert, weil das *Gesetz der Anziehung* so machtvoll ist, dass eine Aufmerksamkeitsspanne von lediglich 17 Sekunden genügt, damit ein weiterer zum ersten passender Gedanke angezogen wird und eine Gedankenkette sich zu formen beginnt. Dadurch wird die Wirkung der positiven Aussagen weiter verstärkt.

Wenn Du eine allgemeine Aussage triffst, ist es wahrscheinlicher, dass Dein Denken rein ist, als wenn Du eine spezifische Aussage triffst. Die Macht des *Rades der Aufmerksamkeit* liegt also darin, dass Du allgemeine Aussagen machst, an die Du bereits glaubst. Und wenn Du jeder dieser Aussagen mindestens 17 Sekunden Aufmerksamkeit widmest, ermöglicht Dir das, reine Schwingungen auszustrahlen, die sich in immer größerer Harmonie zu Deinem Wunsch befinden.

Nehmen wir also an, Du möchtest diese Methode anwenden, und Deine Absicht ist es, schließlich zu schreiben: »Ich fühle mich in meinem Körper wohl.«, oder: »Mein Knie ist gesund.« Wenn Du aber gleich dort beginnst und als Erstes schreibst: »Ich fühle mich in meinem Körper wohl.«, spürst Du, dass die Energien nicht im Einklang sind, weil Du Dich unbehaglich und gereizt fühlst. Diese Aussage verstärkt nur Deinen Ärger darüber, dass Du Dich zu dick fühlst oder dass Dein Knie schmerzt. Diese Aussagen sind also zu spezifisch, um eine Schwingung auszulösen, die sich in Harmonie zu Deinem letztlichen Wunsch und Ziel befindet.

Mit anderen Worten, Du versuchst auf einen Zug aufzuspringen, der zu schnell fährt. Damit erreichst Du nur, dass Du schmerzhaft in Deinen bisherigen Zustand zurückfällst. Oder stelle Dir vor, Du möchtest auf ein Karussell aufspringen. Das geht nur, wenn es abgebremst wurde und sich langsam genug dreht. Wenn Du dann eingestiegen bist, kann es wieder beschleunigen, und dann macht es Dir Spaß, mitzufahren. Du musst also zunächst das »Rad« abbremsen, die Bedeutung der Aussage abschwächen. Wenn Du dann aufgesprungen bist, kannst Du wieder »Gas geben« und die Sache beschleunigen.

Gehe nun nach der Methode »Versuch und Irrtum« vor und probiere es mit einer anderen Aussage, vielleicht so etwas wie: »Ich weiß, dass mein physischer Körper auf meine Gedanken reagiert.« Nun, das ist eine weichere Aussage, die Du durchaus glauben kannst, die aber dennoch bewirkt, dass Du Dich über Dich selber ärgerst. Also ist auch sie kein guter Ausgangspunkt. Du spürst in Dich hinein und versuchst es mit: »Im Großen und Ganzen macht mein Körper seine Sache gut.« Gut, das zu glauben fällt Dir nicht schwer. Diese Aussage fühlt sich richtig an. Damit kannst Du problemlos auf das Karussell aufspringen.

Wenn Du das außen an deinen Kreis schreibst und Dich darauf konzentrierst, fühlt es sich ziemlich gut an. Und dann machst Du eine weitere Aussage. Vielleicht sagst Du: »Ich glaube, dass das Universum uns Erfahrungen schickt, die unserer jeweiligen Schwingungsfrequenz entsprechen.« Davon bist Du fest überzeugt, und deshalb fühlt diese Aussage sich gut an.

Dann triffst Du die nächste Aussage: »Dieser physische Körper hat mir bislang wirklich gute Dienste geleistet.« Auch das glaubst Du. Diese Aussage kannst Du ebenfalls guten Gewissens an Dein Rad schreiben. Nun fühlst Du Dich schon etwas besser. Du spürst eine gewisse Erleichterung. Du bist nicht mehr wütend auf Dich. Deine Schwingungsfrequenz steigt an.

Verstärken wir also nun die Wirkung Deines *Rades der Aufmerksamkeit:* Schreibe weitere Gedanken, die sich gut anfühlen, außen um den großen Kreis herum. Beginne in der 12-Uhr-Position, fahre dann im Uhrzeigersinn fort, jeweils eine weitere Aussage an die 1-Uhr-Position, die 2-Uhr-Position und so weiter zu schreiben, bis Du 12 Aussagen notiert hast, die sich gut anfühlen.

Manchmal rotieren Deine Gedanken so schnell, dass Du, obwohl Du sie gern ändern möchtest, es einfach nicht schaffst, auf das Karussell aufzuspringen. Hier ermöglicht das *Rad der Aufmerksamkeit* es Dir, Gedanken zu finden, die nahe genug mit Deinem momentanen Denkmuster verbunden sind, dass Dir das Aufspringen gelingt und Du nicht hilflos abprallst. So kannst Du mit diesem wunderbaren Werkzeug »Schwingungsbrücken« bauen und schrittweise den von Dir angestrebten emotionalen Zustand erreichen.

Nehmen wir beispielsweise an, dass Du Dich zu dick findest. Irgendein Erlebnis hat Dir diesen Umstand wieder einmal klar vor Augen geführt, und nun spürst Du bezüglich Deines Dickseins eine starke negative Emotion. Nimm ein Blatt Papier, zeichne einen Kreis in die Mitte, und in diesen Kreis schreibst Du: *Ich möchte mich schlank fühlen.*

Konzentriere Dich nun auf diese Thematik und versuche, Gedanken zu finden, die zu dem von Dir angestrebten *Gefühl* passen. Gedanken, die sich gut anfühlen, während Du sie denkst. Versuche einen Gedanken zu finden, der Dich nicht vom Karussell abprallen lässt.

Ich kann wieder schlank werden.

(Dieser Gedanke ist von dem, was Du momentan glaubst, zu weit entfernt. Du möchtest gern an ihn glauben, aber das gelingt Dir zurzeit nicht. Und das fühlst Du deutlich. Weil sich dieser Gedanke nicht gut *anfühlt,* weißt Du, dass er Dir nicht helfen kann, auf das Karussell aufzuspringen.)

Meine Schwestern sind schlank und schön.

(Dieser Gedanke fühlt sich auch nicht gut an. Er stellt den Erfolg Deiner Schwestern Deinem eigenen Misserfolg gegenüber, wodurch Du Deinen Mangel noch deutlicher spürst.)

Ich werde eine Methode finden, die für mich funktioniert.

(Dieser Gedanke fühlt sich zwar etwas besser an als der vorherige, aber noch nicht wirklich gut. Du hast schon viele Diäten ausprobiert, doch bislang hat keine funktioniert. Daher erinnert Dich dieser Gedanke an frühere Fehlschläge und Enttäuschungen.)

Ich weiß, dass andere, die wie ich übergewichtig waren, es geschafft haben, eine für sie passende Methode zu finden. (Dieser Gedanke bringt Dir zum ersten Mal Erleichterung. Du fühlst Dich etwas besser. Denke daran, dass es hier noch nicht um das Endresultat geht. Du suchst lediglich einen Gedanken, der sich gut genug anfühlt, um Dir einen ersten Schritt hin zu einer positiven Gedankenkette zu ermöglichen. Schreibe ihn also auf Deinem Blatt an die 12-Uhr-

Position und halte nach weiteren Gedanken Ausschau, die sich gut anfühlen.)

Ich muss ja nicht alles gleich heute schaffen.
(Der fühlt sich ebenfalls nicht schlecht an. Schreibe ihn an die 1-Uhr-Position.)
Ich werde eine Diät finden, die funktioniert.
(O nein! Sofort aussortieren!)
Ich fühle mich in meiner Kleidung nicht mehr wohl.
(Nein, nein – ebenfalls aussortieren!)
Es wird Spaß machen, wenn ich mir ein paar neue Sachen zum Anziehen kaufe! (Gut! 2-Uhr-Position.)
Mein Körper wird sich viel vitaler anfühlen. (Gut! 3-Uhr-Position.)
Ich werde viel mehr Energie zur Verfügung haben. (Gut! 4-Uhr-Position.)
Ich werde neue Ideen haben. (Jetzt kommst Du allmählich in Fahrt! 5 Uhr.)
Ich kenne bereits jetzt einige Dinge, die wirklich helfen. (Ja, das fühlt sich schon sehr viel besser an. 6 Uhr.)
Ich habe gern die Kontrolle über meine Erfahrungen. (Gut! 7 Uhr.)
Ich freue mich darauf, diese Veränderung herbeizuführen. (Gut! 8 Uhr.)
Ich mag es, mich gut zu fühlen. (Ausgezeichnet! Schreibe das an die 9-Uhr-Position.)
Ich mag es, mich in meinem Körper wohl zu fühlen. (Gut! 10 Uhr.)
Ich fühle mich in meinem Körper wohl. (11 Uhr: Ja! Nachdem Du das an die 11-Uhr-Position geschrieben hast, ziehe mit dem Stift einen kräftigen Kreis um die Aussage, die im Zentrum Deines *Rades der Aufmerksamkeit* steht. Spürst Du, dass Du Dich

jetzt in viel größerer Schwingungs-Harmonie zu diesem Gedanken befindest als zu Beginn der Übung?)

Abraham, verrate uns noch mehr über das *Rad der Aufmerksamkeit*

Wie wir schon mehrfach betont haben, liegt der Kraftpunkt immer in der Gegenwart, denn Du kannst zwar über die Vergangenheit und die Zukunft nachdenken – aber handeln kannst Du immer nur in der Gegenwart. Deine Schwingungen strahlst Du im Hier und Jetzt aus. Und somit findet auch jede schöpferische Spannung zwischen dem Aktivieren der Lebenskraft (durch das Wünschen) und dem Zulassen dieses Energieflusses ganz im Hier und Jetzt statt.

Und nun bitten wir Dich, dass Du Dich in den nächsten Tagen auf zwei bestimmte Worte konzentrierst: *erfrischend neu*. Dieser Augenblick in Deinem Leben ist *erfrischend neu*. Und nun möchten wir Dir zeigen, wie Du Deine *erfrischend neue* Energie mit Deinen *erfrischend neuen* Wünschen in Einklang bringen kannst, um *erfrischend neue* Resultate hervorzubringen.

Das *Rad der Aufmerksamkeit* ist das beste uns bekannte Werkzeug, um eine Brücke zu einer Überzeugung zu bauen, die mit Deinem jeweiligen Wunsch harmoniert. Damit meinen wir, dass Du mit dieser Methode über eine Formel verfügst, wie Du alles, was Du Dir wünschst, Wirklichkeit werden lassen und sogar noch das Ausfüllen Deiner Steuererklärung zu einem freudigen Erlebnis machen kannst. Auf den Punkt gebracht, lautet diese Formel: *Identifiziere Deinen Wunsch und bringe Dich dann in Schwingungs-Harmonie mit ihm.*

Ein weiteres Beispiel für die Anwendung des *Rades der Aufmerksamkeit*

Beginne, indem Du nach einer Aussage suchst, mit der Du auf das Rad aufspringen kannst. Schreibe Aussagen auf, die sich nicht zu weit von dem entfernen, was Du momentan glaubst, damit Du auf das Karussell Deiner Gedanken aufspringen kannst, statt abzuprallen. Mit anderen Worten, wenn Du schreibst: »Ich liebe es, Steuern zu zahlen«, prallst Du ab. Wenn Du schreibst: »Ich finde es einfach wunderbar, dass die Regierung mein Geld nimmt und es in unsinniger Weise ausgibt«, prallst Du ebenfalls vom Karussell ab. Dein Ziel muss es sein, eine Aussage zu finden, die zu Deinem Wunsch passt und sich besser anfühlt. Also könntest Du zum Beispiel schreiben: »Ich mag es, mein Leben im Griff zu haben. Es ist ein gutes Gefühl, allen meinen finanziellen Verpflichtungen problemlos nachkommen zu können. Ich mag es, wenn ich alles zur rechten Zeit erledige. Ich liebe Ordnung und gute Organisation.«

Nun, vielleicht ist das eine zu starke Aussage. Aber das wirst Du sofort spüren. Du merkst es daran, wie sie sich anfühlt. Auf diese Weise gehst Du nach dem Prinzip »Versuch und Irrtum« vor. Als Nächstes schreibst Du vielleicht: »Ich nehme an, es ist schon vielen Leuten so gegangen wie mir. Und die meisten finden jeweils ihren Weg, mit Steuererklärungen und anderen lästigen Anforderungen fertig zu werden.« Mit dieser Aussage schaffst Du den Sprung auf Dein Rad! »Steuern sind zwar nicht das Ei des Kolumbus, aber anders lässt sich unser Staat nun einmal nicht funktionsfähig halten.« Wie ist es damit? Fühlt diese Aussage sich gut oder schlecht an? »Von Jahr zu Jahr fällt das Ausfüllen meiner Steuererklärung mir leichter. Es gelingt mir, alle meine finanziellen Angelegenheiten auf immer angenehmere Weise zu regeln. Meine Steuern sind ein guter Anreiz, bei meinen Finanzen den Überblick zu behalten und für eine gute Buchführung zu sorgen.«

Je besser es sich anfühlt, desto besser wird es

Nun beachte bitte, dass wir noch kein Problem gelöst haben. Mit anderen Worten, in der materiellen Welt hat sich noch nichts wirklich verändert. Du musst immer noch Deine Steuererklärung ausfüllen – aber wir hoffen, dass Deine *emotionale Einstellung* sich gewandelt hat. Mit anderen Worten, Du wirst jetzt viel leichter zu innerer Klarheit gelangen. Dein Gedächtnis wird besser funktionieren. Dir wird sofort einfallen, wo Du etwas, das Du benötigst, zuvor abgelegt hast. Mit anderen Worten, alle diese verstreuten Teile Deines Lebens, die Du in Stapeln und Kisten und Aktenordnern aufbewahrst – all diese Informationsschnipsel, die hier und da verstreut sind –, fügen sich jetzt in Deinem Geist zusammen. Mit anderen Worten, Dein Innerer Geist wird Dich auf zusammenhängende, schlüssige Weise versorgen, was zuvor, ehe Du Dir ein wenig Zeit nahmst, Deine Energie zu harmonisieren, kaum möglich gewesen wäre.

Ob es sich nun um ein Märchenschloss oder um einen Hosenknopf handelt – alles, was Du zum Gegenstand Deiner Aufmerksamkeit machst, wird dadurch mit Energie aufgeladen. Und diese Lebensenergie zu fühlen – das ist es, worum es im Leben eigentlich geht. Der Grund, aus dem Du diese Energie aktivierst und in Dein Leben holst, ist unwesentlich. Mit anderen Worten, Du kannst beim Ausfüllen Deiner Steuererklärung genauso viel Freude empfinden wie bei der Vorbereitung einer Südsee-Kreuzfahrt.

Wenn Dir diese Aussage seltsam vorkommt, liegt das nur daran, dass Du Dich noch nie weit genug geöffnet hast, um die Energie ungehindert und widerstandslos durch Dich hindurch zum Objekt Deiner Aufmerksamkeit fließen zu lassen. Du aktivierst die Energie, weil Du tun möchtest, was Du tun musst, aber dann lenkst Du sie ab und zerstreust sie nutzlos, weil Du all diese Denkmuster und Überzeugungen hegst, die den freien Fluss der Energie behindern und einschränken. Wenn Energie durch Dich hindurchfließt und Du dieses Fließen behinderst, hat das ziemlich nachteilige Auswirkungen. Wenn Du mit dem *Rad der Aufmerksamkeit* arbeitest, konzentrierst Du Dich länger als gewöhnlich auf einen spezifischen Gegenstand, während Du gleichzeitig bewusst nach sich gut anfühlenden Gedanken suchst. Dadurch ändert sich Deine Schwingungsfrequenz, und so werden neue, positivere Erfahrungen möglich.

Indem Du bei den Themen, die Dir im Leben begegnen, das *Rad der Aufmerksamkeit* immer wieder anwendest, kannst Du Deinen Aufmerksamkeits-Fokus und somit Deine Schwingungsfrequenz dauerhaft verbessern, und zwar in allen Bereichen, die Du als wichtig empfindest.

Methode 18

Gute Gefühle finden

Diese Methode solltest Du anwenden, wenn

- Du eine Situation verbessern möchtest;
- Du Dir mehr Geld wünschst;
- Du einen besseren Job suchst;
- Du Dir eine glücklichere Partnerschaft wünschst
- Du Dich in körperlicher Hinsicht wohler fühlen möchtest.

Gegenwärtige emotionale Bandbreite

Von der *Methode 18* wirst Du dann am meisten profitieren, wenn Dein gegenwärtiger Emotionaler Set-Point auf der Skala der Emotionen in folgendem Bereich liegt:

Von
(9), Pessimismus
bis
(17), Ärger

(Wenn Du Dir nicht sicher bist, was Dein gegenwärtiger Emotionaler Set-Point ist, schlage im Anhang nach. Dort findest Du die 22 Stufen der Emotionalen Feedback-Skala.)

Weil Ihr alle normalerweise den Aspekten Eures Lebens, die Ihr momentan lebt, viel mehr Aufmerksamkeit widmet, haben diese Aspekte ein viel größeres Schwingungs-Moment als das, was Ihr Euch wünscht oder vorstellt. Mit anderen Worten, wenn Du den Wunsch hegst, schlank zu werden, gegenwärtig aber stark übergewichtig bist, dann werden die Schwingungen Deiner gegenwärtigen Erfahrung sehr wahrscheinlich viel stärker sein als die Schwingungen Deines Wunsches.

Oft sagen die Leute: »Hier gefällt es mir nicht. Ich möchte gern dort sein.« Wenn man sie dann fragt, was sie sich von den Dingen, die es dort gibt, wünschen, reden sie meistens nur über das, was ihnen *hier* nicht gefällt. Auch wenn sie Formulierungen benutzen wie: »ich möchte gern dort sein« oder: »ich wünsche mir das, was dort drüben ist«, sind ihre Schwingungen doch vorwiegend auf das ausgerichtet, was *hier* ist, wo sie sich gegenwärtig aufhalten, statt auf ihr Ziel.

Weiter vorn in diesem Buch haben wir bereits das Beispiel mit der Tankanzeige in Deinem Auto benutzt. Es ist nicht wirklich hilfreich, diese Tankanzeige mit einem Smiley-Sticker zu überkleben, wenn Dir das, was sie anzeigt, nicht gefällt. Genauso wenig sinnvoll ist es, glücklich klingende Worte zu verwenden, wenn Du Dich nicht glücklich *fühlst*. Das *Gesetz der Anziehung* reagiert nicht auf Deine Worte, sondern auf die Schwingungen, die Du ausstrahlst. Es ist durchaus möglich, dass Du die richtigen Worte verwendest und Dich dennoch in einem Zustand starken Widerstandes gegen Dein Wohl-Sein befindest. Die Worte, die Du benutzt, sind nicht wichtig – auf Deine *Gefühle* kommt es an.

Die Methode *Gute Gefühle finden* hilft Dir, eine Schwingung auszustrahlen, die Dir wirklich von Nutzen ist. Diese Methode zeigt Dir, welche Erfahrungen Du tatsächlich gegenwärtig in Dein Leben ziehst. Dabei setzt Du Deine Imagination ein und tust so, als sei Dein Wunsch bereits in Erfüllung gegangen und nun in allen Einzelheiten Bestandteil Deiner Erfahrung.

Wenn Du Dich darauf konzentrierst, wie es sich *anfühlt,* Deinen Wunsch voll verwirklicht zu erleben, kannst Du nicht gleichzeitig das Mangel-Gefühl des noch nicht erfüllten Wunsches empfinden. Mit etwas Übung kannst Du so das Gleichgewicht zugunsten der Erfüllung Deines Wunsches verändern, weil Du bereits jetzt die gleiche Schwingung ausstrahlst, als sei er bereits erfüllt – und dann *muss* er sich tatsächlich erfüllen.

Erneut weisen wir darauf hin, dass das Universum nicht weiß, ob Du Deine Schwingung aufgrund einer tatsächlichen Erfahrung ausstrahlst oder nur aufgrund einer Imagination. In jedem Fall strahlst Du die gleiche Schwingung aus – und dann muss die Manifestation zwangsläufig folgen.

Nehmen wir beispielsweise an, Du findest in Deinem Briefkasten eine Mahnung wegen einer unbezahlten Rechnung vor. Du fühlst Dich ziemlich unbehaglich, weil Du noch keine Ahnung hast, wo Du das Geld hernehmen sollst. Und diese Rechnung ist nur eine von mehreren, die Du noch nicht begleichen konntest. Also fühlst Du Dich überfordert und entmutigt. »Ich will mehr Geld«, sagst Du. »Ich brauche ziemlich viel Geld.« Aber es handelt sich lediglich um hohle, leere Worte, die keinen Einfluss auf Deinen Aufmerksamkeits-Fokus haben. Welche Schwingungen Du gewohnheitsmäßig ausstrahlst, hängt jedoch von diesem Aufmerksamkeits-Fokus ab. Und Deine *Gefühle* verraten Dir, worauf Deine Aufmerksamkeit in erster Linie gerichtet ist und welche Schwingungen Du somit ausstrahlst. Deine momentanen Gefühle entsprechen eindeutig Deiner Situation, kein Geld zu haben.

Dein Ziel soll nun darin bestehen, innere Bilder zu erzeugen, die Dich veranlassen, eine Schwingung auszustrahlen, die es *ermöglicht,* dass Geld in Dein Leben fließen kann. Setze Dir zum Ziel, innere Bilder zu erzeugen, die sich angenehm anfühlen. Finde heraus, wie Du Dich fühlen würdest, wenn Du genug Geld hättest, statt im Gefühl des Geldmangels zu verharren.

Du könntest Dir zum Beispiel eine Zeit ins Gedächtnis rufen, als Du mehr Geld hattest oder zumindest nicht dem Stress zu vieler unbezahlter Rechnungen ausgesetzt warst. Wenn Du diese Erinnerung in Dir wachgerufen hast, versuche, Dich an so viele Details wie möglich zu erinnern, um Deinen damaligen Gefühlszustand wieder in Dir lebendig werden zu lassen.

Stelle Dir möglichst lebhaft vor, über Geld im Überfluss zu verfügen. Stelle Dir vor, tonnenweise Bargeld im Haus zu haben. Stelle Dir vor, dass Du dieses Geld eimerweise zur Bank bringst, um es in größere Scheine umzutauschen. Stelle Dir vor, dass Du 5- und 10-Euro-Noten gegen 100-Euro-Noten umtauschst, einfach, um Dein Geld platzsparender lagern zu können.

Du kannst Dir vorstellen, eine Kreditkarte mit unbegrenzter Deckung zu besitzen, eine Art Zauberkarte, die Du täglich benutzt, weil sie so praktisch ist. Einmal im Monat stellst Du dann einen Scheck aus, mit dem Du alle über die Karte getätigten Ausgaben mit Leichtigkeit begleichst.

Je öfter Du dieses Spiel *Gute Gefühle finden* spielst, desto besser wirst Du darin und desto mehr Spaß wird es Dir machen. Wenn Du imaginierst oder Dich gezielt an frühere angenehme Gefühlszustände erinnerst, aktivierst Du neue Schwingungen – und Dein Aufmerksamkeits-Fokus verlagert sich. Und wenn sich Dein Aufmerksamkeits-Fokus verlagert, wird Dein Leben glücklicher, und zwar in allen Bereichen, in denen Du neue, positivere Gefühle gefunden hast.

Methode 19

Widerstand abbauen und schuldenfrei werden

Diese Methode solltest Du anwenden, wenn

- Du die Erleichterung erleben möchtest, schuldenfrei zu sein;
- Du deutlich mehr verdienen als ausgeben möchtest;
- Du Dein Verhältnis zum Geld verbessern möchtest;
- Du den Geldfluss in Deinem Leben erhöhen willst.

Gegenwärtige emotionale Bandbreite

Von der *Methode 19* wirst Du dann am meisten profitieren, wenn Dein gegenwärtiger Emotionaler Set-Point auf der Skala der Emotionen in folgendem Bereich liegt:

Von
(10), Frustration/Irritation/Ungeduld
bis
(22), Furcht/Trauer/Depression/Verzweiflung/Ohnmacht

(Wenn Du Dir nicht sicher bist, was Dein gegenwärtiger Emotionaler Set-Point ist, schlage im Anhang nach. Dort findest Du die 22 Stufen der Emotionalen Feedback-Skala.)

Besorge Dir ein Kassenbuch mit so vielen Spalten, wie Du monatliche Ausgabenposten hast. Beginne mit der Spalte ganz links. Gib der Spalte eine Überschrift, die Deinen größten Ausgabenposten benennt. Wenn zum Beispiel die Ratenzahlung für Dein Haus der größte Posten ist, schreibst Du: Haus-Hypothek. In die erste Zeile unter der Überschrift notierst Du den genauen Ratenbetrag. Ziehe nun einen Kreis um den Betrag und notiere in die dritte Zeile die gesamte Restschuld, mit der Dein Haus belastet ist.

Notiere dann in der zweiten Spalte Deinen zweitgrößten monatlichen Ausgabenposten, den drittgrößten in der dritten Spalte, und so weiter. Und über Deine Ausgabenspalten schreibst Du die folgende Affirmation: *Es ist mein Wunsch, alle meine finanziellen Verpflichtungen vollständig zu erfüllen, und in einigen Fällen werde ich sogar das Doppelte des erforderliche Betrages aufbringen.*

Jedes Mal, wenn Du eine Rechnung erhältst, nimmst Du Dein Kassenbuch und passt, falls nötig, den in diesem Ausgabenfeld angesetzten Monatsbetrag an.

Wenn Du das erste Mal eine Rechnung erhältst oder wenn die Überweisung des Betrages in der Spalte im äußersten rechten Rand (also Deines niedrigsten monatlichen Ausgabenpostens) ansteht, stelle einen Scheck über eine doppelt so hohe Summe aus, wie in der Rechnung oder in Deinem Kassenbuch angegeben ist, und schreibe diesen höheren Betrag darunter.

Das mag Dir etwas seltsam vorkommen, wenn Du das Spiel zum ersten Mal spielst, aber selbst wenn Du momentan nicht über genug Geld verfügst, um alle Deine monatlichen Ausgaben aufzubringen, verdoppele dennoch die Zahlung in der Spalte ganz rechts. Und freue Dich darüber, dass Du Dein neues, Dir selbst gegebenes Versprechen eingehalten hast, Dich nach Kräften zu bemühen, alle Deine Schulden zu begleichen und in manchen Fällen sogar den doppelten Betrag aufzubringen.

Da Du bei diesem Spiel Deine Finanzen in einem neuen Licht betrachtest, wird Deine Schwingung sich rasch zu verändern beginnen. Wenn Du wenigstens ein klein wenig Stolz empfindest, weil Du Dein Wort gehalten hast, wird sich Deine Schwingung verändern. Wenn Du Dein Versprechen einhältst, Deine Zahlung zu verdoppeln, wird sich Deine Schwingung verändern. Und durch diese Veränderung, auch wenn sie nur leicht ist, wird auch Deine finanzielle Lage sich verändern.

Wenn Du Dir wirklich die Zeit nimmst, alle Deine Schulden in dieses Kassenbuch zu schreiben, wird Deine dadurch neu fokussierte Aufmerksamkeit neue, positivere finanzielle Situationen und Umstände für Dich aktivieren. Statt Dich entmutigt zu fühlen, wenn Du wieder eine neue Rechnung im Briefkasten vorfindest, wirst Du es kaum erwarten können, den Betrag in Dein Kassenbuch zu schreiben. Und durch diese Verlagerung Deiner Aufmerksamkeit und Schwingung wird sich Deine finanzielle Gesamtsituation zu wandeln beginnen.

Du wirst unerwartete Geldzahlungen erhalten. Und Du wirst mit Deinem Geld länger auskommen, weil man Dir allerlei Rabatte und Vergünstigungen gewährt. Rechne mit überraschenden »Finanzspritzen« aller Art, und wenn sie eintreffen, sei Dir bewusst, dass dies auf Deinen veränderten Aufmerksamkeits-Fokus und die daraus resultierende veränderte Schwingung zurückzuführen ist.

Wenn nun zusätzliches Geld eintrifft, wirst Du gern bereit sein, die in Deinem Kassenbuch ganz rechts stehende Schuld endgültig zu begleichen, sodass Du diese Spalte durchstreichen kannst. Spalte für Spalte werden Deine Schulden verschwinden, während Deine Einnahmen immer stärker Deine Ausgaben übersteigen. Schon vom ersten Tag, an dem Du dieses Spiel spielst, wird Dein Gefühl finanziellen Wohl-Seins ständig zunehmen. Wenn Du das Spiel ernst nimmst, wird Deine das Geld betreffende Schwingung sich so stark verändern, dass Du in kurzer Zeit schuldenfrei werden kannst, wenn das Dein Wunsch ist.

Schulden sind an sich nichts Schlimmes, aber wenn Du sie als schwere Last empfindest, dann strahlst Du beim Thema Geld eine negative, Widerstand erzeugende Schwingung aus. Wenn Dir diese Last von den Schultern genommen wird und Du Dich leichter und freier fühlst, verschwindet der Widerstand. Dann kann das finanzielle Wohl-Sein üppig in Dein Leben strömen.

Abraham, verrate uns noch mehr über *Geld und Ökonomie*

Wie wir schon bei *Methode 17* sagten, kann man ein Märchenschloss genauso leicht erschaffen wie einen Hosenknopf. Es kommt nur darauf an, ob Ihr Euch auf ein Schloss konzentriert oder auf einen Hosenknopf. Aber deshalb kann die Erschaffung eines Hosenknopfes auch genauso befriedigend sein wie die eines Schlosses. Sei es ein Schloss oder ein Hosenknopf – alles, was Ihr zum Gegenstand Eurer Aufmerksamkeit macht, wird dadurch mit Lebensenergie aufgeladen. Diese Energie zu spüren ist das, worum es im Leben geht. Der Grund, warum Ihr die Lebensenergie aktiviert, ist letztlich nebensächlich.

Wie wäre es also, wenn Ihr einen positiven Strom finanzieller Fülle erschafft? Wie wäre es, wenn Ihr Eure imaginativen Fähigkeiten so gut entwickelt, dass das Geld leicht und mühelos in Euer Leben strömt? Wie wäre es, problemlos viel Geld investieren zu können, um damit anderen Menschen wunderbare Entwicklungsmöglichkeiten zu geben? Welchen besseren Weg, Geld einzusetzen, gibt es, als es auf sinnvolle Weise auszugeben, sodass es wieder ins Wirtschaftsleben gebracht wird und mehr Menschen Arbeit gibt? Je mehr Ihr ausgebt, desto mehr Menschen werden davon profitieren und ihrerseits am Spiel der schöpferischen Selbstentfaltung teilnehmen können.

Eure Rolle ist es, Energie nutzbar zu machen. Das ist der Zweck Eurer Existenz. Ihr seid Wesen, die Energieströme aktivieren und steuern können – Ihr seid bewusste Energie-Wahrnehmer und -Lenker. Ihr seid Schöpfer, und es gibt im ganzen Universum nichts Schlimmeres, als in eine aus starken Kontrasten bestehende Umwelt hineingeboren zu werden, in der ständig neue Wünsche entstehen, und dann den Energiefluss hin zu den Wünschen nicht zuzulassen. Dadurch wird das Leben regelrecht erstickt.

Es gibt keine höheren oder niederen Arbeiten. Es gibt nur Chancen, auf die Ihr Euch konzentrieren könnt. Ihr könnt bei jeder Aufgabe Erfüllung und Befriedigung erfahren, denn Ihr befindet Euch an der evolutionären Speerspitze des Denkens. Die Ur-Kraft fließt durch Euch – ganz gleich, welcher Tätigkeit Ihr nachgeht. Bei jeder Tätigkeit könnt Ihr Freude empfinden, wenn Ihr es zulasst, dass die Energie fließt. Es geht nicht darum, sich zwischen dem *Spirituellen* und dem *Materiellen* zu entscheiden. Alles an dieser physischen, materiellen Erfahrung ist spirituell. Alles ist ein Endprodukt des Geistes. Es gibt da nichts, was Ihr beweisen müsstet. Lebt Euer spirituelles Selbst, stürzt Euch mit Hingabe in die materielle Erfahrungswelt und lasst dort Eurer Kreativität freien Lauf.

Du kannst keine Armut lindern, wenn Du selbst arm bist

Denke einmal darüber nach, wie es vor ein paar Jahrhunderten um das wirtschaftliche Leben in diesem Land bestellt war. Was hat sich seitdem verändert? Sind zusätzliche Ressourcen von anderen Planeten herbeigeschafft worden? Oder war es nicht einfach so, dass es mehr Menschen gab, die mehr und neue Wünsche und Interessen hatten, und dass die nicht-physische Energie, die unerschöpflich und unendlich ist, für die Deckung dieses Bedarfes sorgte?

Nie hören wir jemanden von Euch sagen: »Nun, ich bin jetzt schon seit so vielen Jahren gesund. Darum habe ich beschlossen, für eine Weile krank zu sein, damit ein paar andere Leute an meiner Stelle gesund sein können.« Das würdet Ihr niemals sagen, denn Ihr wisst nur zu gut, dass Eure eigene Gesundheit überhaupt nichts damit zu tun hat, dass andere Leute nicht gesund sind. Schließlich ist Gesundheit ja kein Gut, das man aufbrauchen kann, sodass andere nichts mehr davon abbekommen. Und so verhält es sich auch mit der materiellen Fülle. Menschen, denen es gelungen ist, in Schwingungs-Harmonie mit der Fülle zu kommen – sodass sie in ihrem Leben üppig und reich zirkulieren kann –, nehmen deshalb niemand anderem etwas weg. *Durch eigene Armut kannst Du niemals die Armut anderer Leute lindern. Nur wenn es Dir selbst gut geht, kannst Du anderen etwas geben. Wenn Du anderen helfen möchtest, werde selbst so wohlhabend, kreativ und glücklich wie irgend möglich.*

Lerne, die Menschen wertzuschätzen, die durch ihr Wohl-Sein anderen ein Beispiel geben. Wie könntest Du wissen, dass Wohlstand möglich ist, wenn es nicht in Deiner Umgebung lebendige Beweise dafür gäbe? Das ist alles Teil jenes Spiels der Gegensätze, das Dir hilft, Deine Wünsche klar zu erkennen und zu definieren. Geld ist nicht die Wurzel des Glücks, aber es ist auch nicht die Wurzel allen Übels. Finanzieller Wohlstand ist einfach ein Resultat der Art und Weise, wie ein Mensch seine Energie fokussiert. Wenn Du kein Geld haben willst, zwingt Dich niemand, es in Dein Leben zu ziehen. Aber wir weisen Dich darauf hin, dass eine kritische, ablehnende Haltung gegenüber begüterten Menschen auch verhindert, dass Dinge zu Dir kommen können, die Du Dir sehr wohl wünschst, nämlich Gesundheit, Klarheit und Wohl-Sein.

Wenn das Thema Geld bei Dir unbehagliche Gefühle weckt, heißt das, dass Du einen starken Wunsch diesbezüglich hegst und dass Geld sehr, sehr wichtig für Dich ist. Dann besteht Deine Aufgabe darin, einen Weg zu finden, über Geld nachzudenken und Dich dabei gut zu fühlen. Aber genauso effektiv ist es, wenn Du an etwas anderes denkst und Dich dabei gut fühlst – und Dich dafür öffnest, das, woran Du denkst, in Dein Leben hereinzulassen. Du musst nicht an Geld denken, damit es in Dein Leben strömen kann. Du darfst nur nicht an *Geldmangel* denken, denn damit verhinderst Du, dass das Geld zu Dir kommt.

Freude ist der Gradmesser für Deinen Erfolg

Wir lieben es, wenn Du Dich für andere freust, die Erfolg haben, und sie ehrlichen Herzens beglückwünschst, denn dann befindest Du Dich auch selbst auf Erfolgskurs. Viele Menschen glauben, Erfolg bedeute, alles zu bekommen, was sie sich wünschen. Wir jedoch sagen, dass das Tod, Stillstand bedeuten würde. Aber im Universum gibt es keinen Stillstand. Erfolg hat nichts damit zu tun, alle seine Ziele zu erreichen und dann die Hände in den Schoß zu legen. Vielmehr geht es darum, immer neue Träume und Wünsche zu hegen und offen für Neues zu sein, Freude an Entwicklung und Entfaltung zu haben. *Der Gradmesser für den Lebenserfolg eines Menschen ist nicht sein Einkommen oder sein materieller Besitz – es kommt allein auf die Freude an, die Du empfindest.*

Sage Dir: »Erfolgreich sein heißt für mich vor allem: glücklich sein. Natürlich kann ein Mensch materiell reich *und* sehr glücklich sein. Ich messe den Erfolg eines Menschen daran, wie glücklich er ist. Darauf kommt es an. Darauf, wie gern ein Mensch lebt und ob er Dinge tut, die ihm wirklich Erfüllung schenken, sodass er sich auf jeden neuen Tag freut. Alle Menschen, die diesen Zustand erreicht haben, hatten es zunächst im Leben meist ziemlich schwer, was sie anfangs zu echten Rebellen machte. Dann fanden sie einen Weg, sich zu entspannen und jenen Zustand des Wohl-Seins zu erreichen, der unser aller natürliches Geburtsrecht ist.« (Erfolgreich ist, wer ein glückliches Leben führt, und ein glückliches Leben ist einfach eine Aneinanderreihung glücklicher Augenblicke. Doch die meisten Menschen gönnen sich keine glücklichen Augenblicke, weil sie ständig damit beschäftigt sind, ein glückliches Leben zu erlangen.)

Du musst Dir Fülle nicht »verdienen« – öffne Dich einfach für sie

Fülle und Wohlstand sind nicht die Früchte harter Arbeit! Fülle und Wohlstand strömen in Dein Leben als Reaktion auf die Schwingungen, die Du ausstrahlst. Natürlich hängen Deine Schwingungen sehr stark von Deinen Überzeugungen und Ansichten ab. Wenn Du also die Überzeugung hegst, dass man hart arbeiten muss, um zu Wohlstand zu gelangen, ist das die Realität, die Du in Dein Leben ziehst. Wir möchten Dir aber raten, das Wort *verdienen* aus Deinem Vokabular zu streichen. Sprich lieber davon, Dich innerlich zu *öffnen, zuzulassen.* Du lässt Wohl-Sein zu, öffnest Dich dafür. Es ist nichts, was Du Dir erst verdienen müsstest. Alles, was Du tun musst, ist, Dich zu entscheiden, was Du gern erleben möchtest, und Dich dann für diese Erfahrung zu öffnen, damit

Du die Erfüllung Deines Wunsches empfangen kannst. Du musst dafür nicht kämpfen oder Dich abmühen. Ihr alle seid wertvolle Wesen. Ausnahmslos jeder Mensch verdient Wohl-Sein.

Alle Ressourcen, die Du jemals benötigen wirst oder Dir wünschen kannst, befinden sich für Dich in Griffweite. Um sie zu erlangen, musst Du lediglich Deine jeweiligen Wünsche klar identifizieren und dann ein Gefühl in Dir wachrufen, als sei der Wunsch bereits Wirklichkeit. Es gibt nichts, was Du nicht sein, tun oder haben könntest. Ihr alle seid gesegnete Wesen, und ihr seid in diese physische Welt gekommen, um schöpferisch zu sein, um zu erschaffen. Nichts außer Euren eigenen negativen, Widerstand erzeugenden Gedanken hindert Euch daran. Eure Emotionen zeigen Euch zuverlässig an, wann Ihr solche Gedanken denkt. Das Leben soll Freude machen – das ist sein Sinn und Zweck! Ihr seid mächtige Schöpferinnen und Schöpfer, und Ihr seid dort, wo Ihr diese Gabe am besten entfalten könnt.

Bemüht Euch nicht so hart – genießt mehr. Weint weniger – lacht mehr. Erwartet mehr Gutes und Positives. Konzentriert Euch weniger auf das Negative. Nichts ist wichtiger, als dass Ihr euch gut fühlt. Übt Euch darin, euch gut zu fühlen, und schaut, was dann in Eurem Leben geschieht.

Methode 20

Dinge dem Universalen Manager übergeben

Diese Methode solltest Du anwenden, wenn

- Du das Gefühl hast, zu viel zu tun zu haben;
- Du mehr Zeit für Dinge haben möchtest, die Dir Freude machen;
- Du der machtvolle Schöpfer werden willst, als der Du geboren wurdest.

Gegenwärtige emotionale Bandbreite

Von der *Methode 20* wirst Du dann am meisten profitieren, wenn Dein gegenwärtiger Emotionaler Set-Point auf der Skala der Emotionen in folgendem Bereich liegt:

Von
(10), Frustration/Irritation/Ungeduld
bis
(17), Ärger

(Wenn Du Dir nicht sicher bist, was Dein gegenwärtiger Emotionaler Set-Point ist, schlage im Anhang nach. Dort findest Du die 22 Stufen der Emotionalen Feedback-Skala.)

Stelle Dir vor, Du wärest Eigentümer eines sehr großen Unternehmens mit Tausenden von Mitarbeitern. Es gibt Leute, die in der Produktion und im Marketing für Dich tätig sind, es gibt Buchhalter und Berater. Es gibt Designer, Werbefachleute – und alle diese vielen Menschen wirken daran mit, Deiner Firma zum Erfolg zu verhelfen.

Stelle Dir nun vor, dass Du mit keinem dieser Menschen persönlich zusammenarbeitest. Stattdessen beschäftigst Du einen Manager, der das für Dich übernimmt. Dein Manager kennt sie, berät sie und erteilt ihnen Anweisungen. Wenn Du also eine neue Idee hast, erläuterst Du sie Deinem Manager, und der sagt: »Ich kümmere mich sofort darum.« Das tut er dann. Effizient und effektiv. Präzise setzt er Deine Vorstellungen in die Tat um, ganz so, wie Du es Dir wünschst.

Vielleicht sagst Du Dir nun: »So einen Manager hätte ich gern – jemanden, dem ich hundertprozentig vertrauen kann und der ganz in meinem Sinne arbeitet.«

Darauf antworten wir: *Du hast tatsächlich einen solchen Manager. Du hast einen Manager, der rund um die Uhr um Dein Wohl bemüht ist. Er nennt sich das Gesetz der Anziehung. Du musst nur einen Wunsch äußern, dann wird dieser Universelle Manager sofort in Deinem Sinne aktiv, immer bestrebt, jeden Deiner Wünsche zu erfüllen.*

Aber die meisten von Euch betrachten diesen Manager nicht auf diese Weise. Obwohl er da ist, zieht Ihr es vor, Euch alle Verantwortung selbst aufzubürden. Mit anderen Worten, Ihr sagt: »O ja, es gibt zwar dieses *Gesetz der Anziehung,* aber ich muss trotzdem die ganze Arbeit tun.« *Wozu ist das Gesetz der Anziehung denn dann gut?* Das wäre ja, als würdet Ihr einen Manager beschäftigen, ihm 500.000 Euro Jahresgehalt zahlen, aber wenn er zu Euch kommt und fragt: »Gibt es etwas, das ich für Sie erledigen soll?«, entgegnet Ihr: »Nein, nein. Ich bezahle Sie einfach nur wegen des Titels.« Währenddessen plagt Ihr Euch mit allem selbst herum, erledigt die Computerarbeit, die Gebäudeverwaltung, und dies und das ... und seid wegen Überforderung ständig erschöpft, während der Manager faul in der Sonne liegt und sich einen schönen Tag macht.

So dumm wärt Ihr doch gewiss nicht, oder? Ihr würdet diesen Manager für Euch arbeiten lassen, damit er sein Gehalt wert ist. Ihr würdet Aufgaben an ihn delegieren und erwarten, dass er sie in Eurem Sinne und zu Eurer vollen Zufriedenheit ausführt. Und genauso müsst ihr auch mit dem *Gesetz der Anziehung* umgehen. Teilt dem Universum Eure Wünsche mit, und zwar mit der Autorität eines Firmenchefs, der klare Resultate erwartet. Wenn Ihr auf diese Weise die Aufgaben delegiert, erfüllt Ihr die beiden einzigen Voraussetzungen, die bei der *Bewussten Schöpfung* notwendig sind: Ihr identifiziert klar und bestimmt Euren Wunsch und lasst es zu, dass das Universum Euch das Gewünschte liefert.

Wenn Ihr Euch Ziele setzt, erteilt Ihr damit dem Universalen Manager Aufgaben. Und die erforderliche Schwingung des *Sich-Öffnens* und *Zulassens* strahlt Ihr dann aus, wenn Ihr Euch entspannt zurücklehnt und darauf vertraut, dass Euer Manager die Dinge bestmöglich für Euch erledigt und es Euch unverzüglich mitteilt, wenn es etwas gibt, um das Ihr Euch persönlich kümmern solltet. Mit anderen Worten, Ihr werdet rechtzeitig erfahren, wenn Ihr eine neue Entscheidung treffen, einen neuen Wunsch formulieren müsst.

Ihr *delegiert* Euer Leben nicht – Ihr *erschafft* Euer Leben. Ihr seid die Visionäre, die Schöpfer, nicht die »Ausführenden«. Natürlich wird es immer noch eine Menge Dinge geben, die Ihr gern selbst tun möchtet. Wir wollen Euch in keiner Weise davon abhalten, aktiv in der Welt zu handeln. Aktivität macht Spaß. Im ganzen Universum gibt es nichts Herrlicheres, als mit einem Wunsch in Schwingungs-Harmonie zu sein – sodass die Ur-Kraft Euch ungehindert durchströmen kann – und dann von diesem Wunsch zum aktiven Handeln inspiriert zu werden. Das ist der Schöpfungs-Prozess in seiner schönsten Form. *Keine andere Handlung im Universum ist so wundervoll wie eine durch die Schwingungs-Harmonie mit der Ur-Kraft inspirierte Handlung.*

Methode 21

Natürliche Gesundheit beanspruchen

Diese Methode solltest Du anwenden, wenn

- Du Dich nicht wohlfühlst;
- Dein Arzt Dir eine beunruhigende Diagnose mitgeteilt hat;
- Du unter Schmerzen leidest;
- Du Dich vitaler fühlen möchtest;
- Du vage Ängste bezüglich Deines körperlichen Zustandes verspürst.

Gegenwärtige emotionale Bandbreite

Von der *Methode 21* wirst Du dann am meisten profitieren, wenn Dein gegenwärtiger Emotionaler Set-Point auf der Skala der Emotionen in folgendem Bereich liegt:

Von
(10), Frustration/Irritation/Ungeduld
bis
(22), Furcht/Trauer/Depression/Verzweiflung/
Ohnmacht

(Wenn Du Dir nicht sicher bist, was Dein gegenwärtiger Emotionaler Set-Point ist, schlage im Anhang nach. Dort findest Du die 22 Stufen der Emotionalen Feedback-Skala.)

Wenn Du diese Methode anwendest, solltest Du Dich bequem hinlegen – je bequemer, desto besser. Wähle einen Ort und eine Zeit, wo Du für mindestens fünfzehn Minuten ungestört bist.

Schreibe zuvor eine Liste mit den nachfolgenden Aussagen und lies sie Dir, nachdem Du Dich hingelegt hast, langsam und in Ruhe durch.

- Gesundheit ist der natürliche Zustand meines Körpers.
- Auch wenn ich nicht weiß, was zu tun ist, um wieder gesund zu werden, mein Körper weiß es auf jeden Fall.
- In meinem Körper gibt es Milliarden Zellen, jede ist mit einem eigenen Bewusstsein ausgestattet, und sie alle wissen, wie sie ihr individuelles Gleichgewicht erlangen und aufrechterhalten können.
- Als diese Beschwerden begonnen haben, wusste ich noch nicht, was ich jetzt weiß.
- Hätte ich damals gewusst, was ich jetzt weiß, wäre es gar nicht zu den gesundheitlichen Beschwerden gekommen.
- Ich muss die Ursache dieser Erkrankung nicht verstehen.
- Ich muss niemandem erklären, warum ich diese Erkrankung erlebe.
- Ich muss mich lediglich sanft von der Erkrankung lösen und mich für Gesundheit öffnen.
- Es spielt keine Rolle, dass ich erkrankt bin, denn ab jetzt werde ich wieder gesund.

- Es ist ganz natürlich, dass mein Körper etwas Zeit braucht, um sich auf meine neuen, positiven Wohlfühl-Gedanken einzustellen.
- Es besteht kein Grund zur Ungeduld, alles geschieht zur rechten Zeit.
- Mein Körper weiß, was zu tun ist.
- Wohl-Sein ist mein natürlicher Zustand.
- Mein *Inneres Sein* ist sich meines physischen Körpers voll und ganz bewusst.
- Meine Zellen bitten stets um das, was sie für ihr Gedeihen brauchen, und die Ur-Kraft antwortet auf diese Bitten.
- Ich bin in sehr guten Händen.
- Ich entspanne mich jetzt, um eine ungehinderte Kommunikation zwischen meinem Körper und der Ur-Kraft zu ermöglichen.
- Meine einzige Aufgabe besteht darin, mich zu entspannen und zu atmen.
- Ich kann es.
- Ich kann es leicht und mühelos.

Liege nun einfach ruhig da und genieße die Behaglichkeit der Matratze unter Dir – und konzentriere Dich auf Deinen Atem: ein und aus, ein und aus. Dein Ziel ist es, Dich so wohl wie möglich zu fühlen.

Atme so tief, wie es Dir angenehm ist. Versuche aber nicht, irgendetwas zu erzwingen. Es gibt nichts für Dich zu tun, außer Dich zu entspannen und zu atmen.

Sehr wahrscheinlich wirst Du sanfte, kleine Empfindungen in Deinem Körper verspüren. Lächle und mache Dir klar, dass dies die Ur-Kraft ist, die gezielt auf die Wünsche Deiner Zellen reagiert. Du spürst jetzt den Heilungsprozess. Versuche nicht, aktiv mitzuhelfen oder die Sache irgendwie zu intensivieren. Entspanne Dich einfach und atme – *und lass es geschehen.*

Wenn Dir akute Schmerzen zu schaffen machen, führe die Methode dennoch in der gleichen Weise aus. Es ist dann zusätzlich hilfreich, wenn Du die folgenden Affirmationen zu Deiner Liste hinzufügst:

- Dieses Schmerzgefühl zeigt mir, dass die Ur-Kraft auf den Wunsch meiner Zellen nach mehr Energie reagiert.
- Dieses Schmerzgefühl zeigt mir auf wunderbare Weise, dass Hilfe unterwegs ist.
- Ich entspanne mich jetzt in dieses Schmerzgefühl hinein, weil ich weiß, dass es eine Verbesserung meines Zustandes anzeigt.

Wenn Du kannst, schlaf nun ein wenig. Lächle in dem sicheren Wissen, dass alles gut ist. Atme und entspanne Dich – und vertraue.

Abraham, verrate uns noch mehr über *unseren physischen Körper*

Wenn Dich das nächste Mal ein Gefühl des Unbehagens befällt, halte inne und sage Dir: »Das Unbehagen, das ich momentan spüre, zeigt mir an, dass ich inneren Widerstand gegenüber meinen Wünschen aufgebaut habe. Es ist Zeit, dass ich mich entspanne und atme, atme und mich entspanne, entspanne und atme.« So kannst Du, innerhalb von Sekunden, Dein Wohlbefinden wiederherstellen.

Alle Zellen in Deinem Körper stehen in direkter

Beziehung zur Universalen Lebenskraft, der Ur-Kraft, und jede Zelle antwortet individuell auf diese Kraft. Wenn Du Freude empfindest, sind alle Energiebahnen in Dir weit geöffnet, sodass die Lebenskraft in vollem Umfang empfangen werden kann. Empfindest Du dagegen Schuldgefühle, Frustration, Angst oder Wut, wird der Energiefluss behindert, sodass die Ur-Kraft nicht effektiv in Dir wirken kann. Bei der physischen Erfahrung geht es darum, diese Energiebahnen in Dir so offen wie möglich zu halten. Deine Zellen wissen, was sie zu tun haben. Sie rufen die Energie herbei.

Es gibt keinen Zustand, den Du nicht positiv verändern könntest, so wie auch jedes Bild umgearbeitet oder neu gemalt werden kann. In der menschlichen Zivilisation sind viele negative, einengende Gedanken in Umlauf, die suggerieren, dass gegen so genannte unheilbare Krankheiten oder unabänderliche Zustände nichts unternommen werden könne. Wir aber sagen, dass solche Zustände nur dann unabänderlich sind, wenn Ihr glaubt, sie seien es. Kürzlich wurden wir gefragt: »Gibt es irgendeine Grenze für die körperlichen Selbstheilungskräfte?« Darauf antworteten wir: *Keine, außer den Überzeugungen, an denen Ihr festhaltet.* Die nächste Frage lautete: »Und warum können sich Menschen dann keine neuen Arme oder Beine wachsen lassen?« Und wir sagten: *Weil niemand daran glaubt, dass sie es können.*

Aber was ist mit kranken Babys?

Oft wird uns in diesem Zusammenhang die Frage gestellt: »Aber wie ist es mit Kindern, die krank zur Welt kommen oder kurz nach der Geburt erkranken?« Darauf antworten wir, dass diese Kinder schon in der Gebärmutter bestimmten Schwingungen ausgesetzt waren, die sie veranlassten, sich gegen das Wohl-Sein zu verschließen, das anderenfalls ihr natürlicher Zustand wäre. Wenn sie aber geboren sind und man sie ermutigt, Gedanken zu denken, durch die das natürliche Wohl-Sein zugelassen wird, dann kann auch ein voll herangebildeter Körper sich zu einem gesunden Zustand regenerieren.

Es ist natürlich für Euch, vollkommen gesund zu sein. Es ist natürlich für Euch, in Wohlstand und Fülle zu leben. Es ist natürlich für Euch, dass Ihr Euch gut fühlt. Es ist natürlich für Euch, in einem Zustand innerer Klarheit zu leben. Es ist nicht natürlich für Euch, verwirrt zu sein, Mangel zu erleiden oder von Schuldgefühlen geplagt zu werden. Diese Zustände entsprechen nicht Eurem wahren Sein. Dagegen scheinen sie ziemlich natürlich für jene menschlichen Denk- und Verhaltensmuster zu sein, die Ihr Euch in der physischen Welt angewöhnt habt.

Wenn Ihr Euch unwohl fühlt, sei es emotional oder körperlich, so ist die Botschaft *immer* die gleiche: »Ich habe einen Wunsch, der Energie aktiviert und herbeiströmen lässt, aber zugleich hege ich eine Überzeugung, die der Erfüllung dieses Wunsches im Weg steht. Dadurch erzeuge ich in meinem Körper Widerstand.« Und jedes Mal, ohne Ausnahme, gibt es nur eine Lösung: *Ihr könnt Euch von dem Unbehagen oder Schmerz befreien, indem Ihr Euch entspannt und nach angenehmeren Gefühlen strebt.*

Oft fragt man uns: »Wenn es keine Quelle für Krankheiten gibt, wieso gibt es dann so viele kranke Menschen?« Das kommt daher, dass diese Menschen eine Menge Entschuldigungen dafür gefunden haben, sich in einer Schwingungsfrequenz aufzuhalten, durch die Gesundheit verhindert wird. Sie lassen die Gesundheit nicht herein, öffnen sich nicht dafür. Und wenn sie das Wohl-Sein nicht hereinlassen, sieht dessen Abwesenheit wie Krankheit aus. Wenn genug Leute sich so verhalten, sagt Ihr: »Oh, es muss eine Quelle der Krankheit geben. Lasst uns dem Phänomen einen Namen geben. Nennen wir es Krebs. Geben wir ihm alle möglichen schrecklichen Namen und implizieren wir, dass Krankheiten blind und zufällig über Menschen herfallen.« Dem halten wir entgegen, dass Krankheiten niemals über Menschen herfallen. Vielmehr ist es so, dass Menschen durch Versuch und Irrtum und den schlechten Einfluss anderer Menschen Denkmuster übernehmen, die das Wohl-Sein aussperren.

Wenn Ihr das Wohl-Sein aussperrt, macht es sich in Eurem Leben als Schatten bemerkbar: durch körperliche Krankheiten und den Mangel an den Dingen, die Ihr Euch wünscht. Irgendwann glaubt Ihr dann, dass dieser unbefriedigende Zustand eine äußere Ursache haben muss. Dann tragt Ihr große Mengen von Informationen zusammen, um Euch vor der »bösen Ursache« zu schützen, die in Wahrheit überhaupt gar nicht existiert.

Wenn eine ärztliche Diagnose Dir Angst macht

Wenn ein Arzt Euch eine unerfreuliche Diagnose mitteilt, neigt Ihr meistens zu folgender Reaktion: »O mein Gott! Wie konnte ich mich so weit von dem entfernen, was ich mir doch eigentlich wünsche?« Darauf sagen wir, dass das gar keine große Sache ist – sondern vielmehr eine lange Serie kleiner Dinge, die ungefähr so aussieht: »Ich könnte diesen Gedanken wählen, der sich gut anfühlt, oder diesen, der sich nicht so gut anfühlt. Aber ich habe ein Muster entwickelt, eher Gedanken zu wählen, die sich nicht so gut anfühlen.« Und so führt Ihr Euch eine tägliche Dosis von Gedanken zu, die Euch blockieren, sodass Wohl-Sein und Fülle nicht zu Euch gelangen können.

Ob Wohl-Sein zugelassen oder abgeblockt wird, liegt ausschließlich an Euren vorherrschenden Stimmungen, Eurer Geisteshaltung, Eurem gewohnheitsmäßigen Denken. Das gilt ausnahmslos für jeden Menschen und jedes Tier. Ihr könnt sie noch so oft medizinisch behandeln und ihre Körper zusammenflicken, nachher kehren sie doch wieder zu ihrem gewohnten geistigen Muster zurück. *Wer den Körper behandeln will, muss eigentlich den Geist behandeln. Alle Krankheiten sind psychosomatisch – alle ohne Ausnahme.*

Es gibt nichts, das einer Neuorientierung hin zum Wohl-Sein entgegenstünde. Aber man braucht die feste Entschlossenheit, sich auf Dinge zu konzentrieren, die sich gut anfühlen. Darum wagen wir jetzt eine kühne Aussage: *Jede Krankheit könnte innerhalb weniger Tage geheilt werden, wenn es gelingt, den Kranken von seinen Beschwerden abzulenken und seine vorherrschende Schwingungsfrequenz zu verändern.* Bevor eine Krankheit sich im Körper manifestiert, gibt es eine lange geistige Vorgeschichte, und deshalb dauert die Entstehung der Krankheit viel länger als ihre mögliche Heilung.

Krankheit als Manifestation negativer Emotion

Beim körperlichen Schmerz handelt es sich um eine Ausdrucksform negativer Emotion. Das ist alles ein und dasselbe. Es gibt nur zwei Arten von Emotionen – die eine fühlt sich gut an, die andere schlecht. Im einen Fall bist Du mit Deinem Energie-Strom verbunden, im anderen Fall lässt Du Deinen Energie-Strom nicht zu. Krankheit oder Schmerz sind lediglich Ausdrucksformen negativer Emotion. Sobald Du keinen inneren Widerstand mehr spürst, sind sie kein Thema mehr.

Musst Du gezielt positive Gedanken bezüglich Deines Körpers denken, damit er so wird, wie Du ihn Dir wünschst? Nein. Aber Du darfst die spezifischen negativen Gedanken nicht denken. Würdest Du nie wieder über Deinen Körper nachdenken und dann stattdessen einfach nur noch angenehme Gedanken denken, würde Dein Körper ganz von selbst zu einem Zustand natürlicher Gesundheit zurückkehren.

Du kannst ein angenehmes, freudiges, anregendes und gesundes Leben führen, solange Du immer neue Wünsche entdeckst, die die Lebenskraft aktivieren, sodass sie frei und ungehindert in Dir zirkuliert. Menschen sterben nicht, weil Zeit vergeht. Sie sterben, weil sie sich nicht mehr dazu stimulieren lassen, hier in dieser Umwelt Entscheidungen zu treffen. Menschen sterben nur aus einem einzigen Grund – weil sie sich nicht länger bewusst und aktiv dazu entscheiden, hier sein zu wollen, oder weil sie sich bewusst entschieden haben, in den nicht-physischen Bereich überzuwechseln.

Ihr könntet unbegrenzt lange in diesen Körpern weiterleben

Wollen wir damit sagen, dass Ihr einen optimalen Gesundheitszustand erreichen und diesen dann aufrechterhalten könnt, solange Ihr physisch in diesem Körper fokussiert bleibt? Die Antwort lautet eindeutig: Ja. Aber warum sieht Eure tatsächliche Lebenserfahrung dann oft so ganz anders aus? Weil Ihr fast alle ständig nach außen blickt und Eure Schwingungsfrequenz nach dem ausrichtet, was Ihr seht. Wie lautet also die Lösung? Schaut weniger nach außen. Konzentriert Euch stärker auf Eure Wünsche und imaginiert mehr. Imaginiert so viel, dass Eure Imagination schließlich zu Eurer vertrautesten Schwingung wird.

Ihr könnt unbegrenzt lange in Euren jetzigen Körpern leben, wenn Ihr Euch von Eurer Umwelt immer weiter zu neuen, die Lebensenergie aktivierenden, reinen, nicht unterdrückten Wünschen inspirieren lasst. Ihr alle könnt zu Menschen werden, die ständig neue Wünsche gebären und deshalb ständig von pulsierender Lebenskraft durchströmt sind. Mit anderen Worten, Ihr lebt intensiv, Ihr lebt in Freude, Ihr lebt wild, Ihr lebt leidenschaftlich ... und dann, aus diesem Bewusstsein heraus, entscheidet Ihr Euch bewusst, den Übergang zu vollziehen.

Jeder Tod ist selbst gewählt

Der Grund für Euer Überwechseln aus dem physischen in den nicht-physischen Bereich sollte nicht darin bestehen, dass Ihr die physische Ebene für elend und schlecht haltet. Der beste Grund für den Übergang ist ein Gefühl der Vollendung, ein Gefühl, die eigenen Möglichkeiten voll ausgeschöpft zu haben – und nun nach einem neuen Blickwinkel, einem neuen Horizont zu suchen. Der Tod ist ein Rückzug des Bewusstseins. Die Aufmerksamkeit wird von einem Bereich abgezogen und einem anderen zugewandt.

Jeder Tod ist ein Kulminationspunkt aller Schwingungen eines Lebewesens. Davon gibt es keine Ausnahme. Kein Mensch, kein Tier macht seinen Übergang in das Nicht-Physische, ohne dass diesbezüglich ein innerer Schwingungs-Konsens herrscht. Daher ist jeder Tod ein Selbstmord, denn jeder Tod ist vom Individuum selbst gewählt und herbeigeführt.

Du bist ein ewiges Wesen, das sich selbst vom Nicht-Physischen aus in andere Formen projiziert, und manchmal erfolgt diese Projektion in Gestalt einer physischen Persönlichkeit. Wenn diese physische Persönlichkeit ihr Potenzial voll ausgeschöpft hat, wird die Aufmerksamkeit wieder aus dem physischen Bereich abgezogen. Das ist ungefähr so zu verstehen: Ab und zu gehst Du ins Kino und schaust Dir einen Film an. Dann kommst Du wieder aus dem Kino heraus. Aber es handelt sich immer um dasselbe Du, ob Du gerade im Kino bist oder nicht.

Hier ist eine hilfreiche Daumenregel: Wenn Du etwas für gut hältst und es tust, wirst Du davon profitieren. Wenn Du glaubst, dass etwas schlecht ist, und

Du es trotzdem tust, wird es Dir sehr schaden. Das Schlimmste, was Du Dir antun kannst, ist es, Dinge zu tun, die Du für falsch hältst. Triff also klare Entscheidungen und sei dann glücklich mit diesen Entscheidungen, denn innere Konflikte und gedanklicher Widerstand sind die Hauptursache für negative Schwingungen.

Triff eine Entscheidung, richte Deine volle Aufmerksamkeit auf dieses Ziel und erzeuge in Dir ein Gefühl, als wäre Dein Wunsch bereits erfüllt – dann wird er schon bald Wirklichkeit werden. Es gibt keinen Grund, warum Du leiden oder Dich abmühen müsstest.

METHODE 22

Sich auf der Emotions-Skala aufwärts bewegen

Diese Methode solltest Du anwenden, wenn

- Du Dich schlecht fühlst und es Dir schwerfällt, Dich besser zu fühlen;
- etwas geschehen ist, dass Dich völlig aus dem Gleichgewicht gebracht hat (vielleicht ist ein Dir nahestehender Mensch gestorben, Dein Partner hat Dich verlassen, Dein Hund wurde überfahren oder dergleichen);
- Du mit einer persönlichen Krise fertig werden musst;
- bei Dir eine gefährliche Krankheit diagnostiziert wurde:
- bei jemandem, den Du liebst, eine gefährliche Krankheit diagnostiziert wurde;
- Dein Kind oder eine andere Dir sehr nahestehende Person ein Trauma oder eine schwere Krise durchmacht.

Gegenwärtige emotionale Bandbreite

Von der *Methode 22* wirst Du dann am meisten profitieren, wenn Dein gegenwärtiger Emotionaler Set-Point auf der Skala der Emotionen in folgendem Bereich liegt:

Von
(17), Ärger
bis
(22), Furcht/Trauer/Depression/Verzweiflung/
Ohnmacht

(Wenn Du Dir nicht sicher bist, was Dein gegenwärtiger Emotionaler Set-Point ist, schlage im Anhang nach. Dort findest Du die 22 Stufen der Emotionalen Feedback-Skala.)

Die Kontraste Deiner Lebenserfahrung helfen Dir dabei, Deine Vorlieben und Wünsche klar zu definieren. Ob Du sie nun laut aussprichst oder nicht, die Ur-Kraft weiß um Deine Vorlieben und Wünsche – wie groß oder klein sie auch sein mögen – und hat auf alle Deine Bitten geantwortet. Und der Manager, *Gesetz der Anziehung* genannt, hat Umstände, Situationen, Menschen und Dinge aller Art herangeschafft, um Dir bei der Erfüllung Deiner Wünsche zu helfen. Mit anderen Worten: Du hast gebeten, und Dir wurde gegeben. Nun musst Du all das auch in Dein Leben einlassen. Du musst Dich für die Erfüllung Deiner Wünsche öffnen.

Denke immer daran, dass es keine nicht-physische Quelle für Dunkelheit, Krankheit, Verwirrung oder das so genannte Böse gibt. Es gibt nur den Strom des Wohl-Seins, und dieser Strom fließt jederzeit, unerschöpflich. Solange Du keinen Widerstand erzeugst, empfängst Du dieses Wohl-Sein uneingeschränkt und in ganzer Fülle. Und Deine Emotionen helfen Dir, indem Sie Dir anzeigen, in welchem Maße Du das Wohl-Sein zulässt oder Dich diesem Strom widersetzt. Mit anderen Worten, je besser Du Dich fühlst, desto weniger Widerstand gibt es in Dir. Je schlechter Du Dich fühlst, desto mehr Widerstand hast Du aufgebaut.

Die *Methode 22* hilft Dir, ganz gleich, wie Deine momentane Situation aussehen mag, ganz gleich, was Du gegenwärtig erschaffst, und ganz gleich, wie Du Dich fühlst, Deinen Widerstand zu reduzieren und dadurch mehr Wohl-Sein zuzulassen – und jedes Gefühl der Erleichterung, das Du spürst, zeigt Dir an, dass Du Widerstand abgebaut hast.

Wir möchten Dir zeigen, dass es bei der *Bewussten Schöpfung* eigentlich darum geht, willentlich einen bestimmten emotionalen Zustand anzustreben. Zum Beispiel:

- Wenn Du zu wenig Geld hast, wünschst Du Dir mehr Geld. Aber wir möchten Dir zeigen, dass es dabei nicht darum geht, vom Zustand des Geldmangels zum Zustand des Reichtums zu gelangen, sondern von einem Gefühl der Unsicherheit zu einem Gefühl der Sicherheit. *Wenn Du Dir angewöhnst, Gedanken zu denken, die bewirken, dass Du Dich immer sicherer fühlst – wirst Du bald zwangsläufig über genug Geld verfügen.*
- Wenn Du krank bist, möchtest Du gesund werden. Aber es geht dabei nicht darum, vom Zustand des Krankseins zum Zustand der Gesundheit zu gelangen, sondern vom Zustand der Angst zu Vertrauen

und Zuversicht. *Wenn Du Dir angewöhnst, Gedanken zu denken, die bewirken, dass Du Dich zuversichtlicher und weniger ängstlich fühlst, wird sich Dein Gesundheitszustand ganz zwangsläufig bessern.*

- Wenn Du keinen Partner hast und Dir eine glückliche Partnerschaft wünschst, erreichst Du Dein Ziel, wenn Du von einem Gefühl der Einsamkeit zu einem Gefühl der Begeisterung und Zufriedenheit gelangst. *Wenn Du Dir angewöhnst, Gedanken zu denken, die bewirken, dass Du Begeisterung und prickelnde Vorfreude verspürst, wird sich ganz zwangsläufig Dein perfekter Partner einfinden.*

Vielleicht sagst Du, dass Du ein neues Auto willst, aber das Universum hört:

Ich bin mit meinem jetzigen Auto nicht glücklich.
Mein jetziges Auto ist mir peinlich.
Ich bin enttäuscht, weil ich mir kein besseres Auto leisten kann.
Ich beneide meinen Nachbarn um sein tolles Auto.
Es macht mich wütend, dass ich mir kein besseres Auto leisten kann.

Vielleicht sagst Du, dass Du gesund sein willst, aber das Universum hört:

Ich mache mir Sorgen wegen meines Körpers.
Ich bin enttäuscht wegen meines Zustandes.
Ich habe Angst um meine Gesundheit.
Ich fürchte, dass es mir genauso schlimm ergehen wird wie meiner Mutter.

Ich bin wütend, weil ich nicht besser auf mich Acht gegeben habe.

Vielleicht sagst Du, dass Du einen anderen Job willst, aber das Universum hört:

Ich bin wütend, weil mein Chef meine Fähigkeiten nicht erkennt.
Meine Arbeit langweilt mich.
Ich bin unzufrieden mit meinem Gehalt.
Ich bin frustriert, weil ich mit meinem Chef und den Kollegen so schlecht klarkomme.
Es ist so viel zu tun, dass ich mich völlig überfordert fühle.

Alle Wünsche, die in Dir entstehen, existieren nur aus einem einzigen Grund, nämlich weil Du denkst, dass Du Dich besser fühlen wirst, wenn der Wunsch in Erfüllung geht. Das ist bei Dir genauso wie bei allen anderen Wesen. Hast Du Deinen momentanen emotionalen Zustand einmal klar identifiziert, fällt es Dir viel leichter, Dir darüber klar zu werden, ob Du gegenwärtig Gedanken denkst, die Dich der Erfüllung Deiner Wünsche näher bringen oder Dich weiter von diesem Ziel entfernen. *Wenn Du es zu Deinem eigentlichen Ziel machst, Dich immer besser und wohler zu fühlen, dann werden alle Deine Wünsche rasch und mühelos in Erfüllung gehen.*

Die nachfolgende Liste der Emotionen beginnt mit jenen Emotionen, die den geringsten Widerstand erzeugen, bis hinunter zu den Emotionen mit dem größten Widerstand. Emotionen, die sehr ähnliche Schwingungen aufweisen, sind nebeneinander aufgeführt. Die Bandbreite der Emotionen reicht also von denen, die den Fluss der Ur-Kraft in Dein Leben sehr stark fördern und zulassen, bis zu jenen, die diesen Fluss sehr stark behindern und blockieren.

Die zur Charakterisierung der einzelnen Emotionen gewählten Begriffe sind letztlich nur Annäherungen, denn jeder Mensch empfindet Emotionen etwas anders, selbst wenn alle die gleichen Begriffe benutzen. Doch das Universum reagiert ohnehin nicht auf Eure Worte. Es reagiert auf die mit Euren Emotionen einhergehenden Schwingungen, die Ihr ausstrahlt.

Es kommt also nicht so sehr darauf an, das perfekte Wort zur Beschreibung Deiner Gefühle zu finden, sondern die Emotion wirklich zu spüren – und noch wichtiger ist es, dass Du Wege findest, diese Gefühle zu verbessern, also von weniger angenehmen zu angenehmeren zu gelangen. Mit anderen Worten, es geht in diesem Spiel, der *Methode 22,* darum, Gedanken zu finden, die in Dir ein Gefühl der Erleichterung erzeugen.

Die Skala Eurer Emotionen sieht ungefähr folgendermaßen aus:

1. Freude/Wissen/Macht/Freiheit/Liebe/Wertschätzung
2. Leidenschaft
3. Begeisterung/Hingabe/Glücklichsein
4. Positive Erwartung/Glaube
5. Optimismus
6. Hoffnung
7. Zufriedenheit
8. Langeweile
9. Pessimismus
10. Frustration/Irritation/Ungeduld
11. »Kontra-Sein«

12. Enttäuschung
13. Zweifel
14. Sorge
15. Vorwürfe/Schuldzuweisungen gegen andere
16. Entmutigung
17. Ärger
18. Rachlust
19. Hass/rasender Zorn
20. Neid/Eifersucht
21. Unsicherheit/Schuldgefühle/Minderwertigkeitsgefühle
22. Furcht/Trauer/Depression/Verzweiflung/Ohnmacht

Und hier folgt nun die »Bedienungsanleitung« für diese überaus macht- und wirkungsvolle Methode: Wenn Du bemerkst, dass Du eine ziemlich starke negative Emotion empfindest, versuche zu identifizieren, um welche Emotion es sich handelt. Denke so lange bewusst darüber nach, was Dir zu schaffen macht, bis es Dir gelingt, die wahrgenommene Emotion klar zu benennen.

Im Hinblick auf die beiden Enden dieser Skala der Emotionen kannst Du Dich zum Beispiel fragen: *Fühle ich mich mächtig, oder fühle ich mich ohnmächtig?* Auch wenn Du vielleicht nicht präzise eine dieser beiden Emotionen empfindest, wirst Du doch benennen können, in welche Richtung Dein augenblicklicher emotionaler Zustand tendiert. Wenn in diesem Beispiel die Antwort *ohnmächtig* lautet, kannst Du den Bereich der emotionalen Skala näher eingrenzen und Dich fragen: *Empfinde ich Ohnmacht oder eher Frustration?* Wenn auch dabei die Antwort lautet: *eher Ohnmacht,* dann kannst Du den Bereich auf der Skala noch enger eingrenzen. *Fühlt es sich wie Ohnmacht an oder eher wie Sorge?* Wenn Du diese Methode konsequent fortsetzt, wirst Du schließlich in der Lage sein, Dein Gefühl bezüglich der Situation, mit der Du Dich gerade beschäftigst, genau zu benennen.

Hast Du Deinen momentanen Standort auf der Skala der Emotionen gefunden, besteht Deine Aufgabe darin, Gedanken zu finden, die Dir eine gewisse Erleichterung von der momentanen Emotion verschaffen. Wenn Du die Gedanken laut aussprichst oder sie aufschreibst, wirst Du am besten feststellen können, ob sie eine emotionale Veränderung bewirken und welche das ist. Wenn Du solche affirmativen Aussagen mit der festen Absicht machst, Dir etwas emotionale Erleichterung zu verschaffen, reduzierst Du damit Deinen inneren Widerstand. Dann kannst Du auf der Emotions-Skala zu einer Emotion gelangen, die sich viel besser anfühlt. Denke daran, dass ein angenehmeres Gefühl reduzierten Widerstand bedeutet. Und weniger Widerstand bedeutet, dass Du Dich stärker öffnest und die Verwirklichung Deiner Herzenswünsche eher *zulässt*.

Ein Beispiel: Eine Frau befand sich in einem Zustand enormen Widerstandes und Schmerzes, ausgelöst durch den Tod ihres Vaters. Obwohl er schon länger sehr krank gewesen und sein Tod daher nicht unerwartet gekommen war, sank sie, als er starb, in eine tiefe *Depression*. Sie fühlte sich *ohnmächtig* und von *Trauer* überwältigt, der Härte des Verlustes ihres geliebten Vaters hilflos ausgeliefert.

In seinen letzten Lebenstagen war sie dem Vater kaum von der Seite gewichen, doch in einem der wenigen Momente, als sie nicht bei ihm war, fiel er ins

Koma, aus dem er bis zu seinem Tod nicht mehr erwachte. Als sie darüber nachdachte, dass keine Gelegenheit mehr zu einem letzten Gespräch zwischen ihnen bestanden hatte, befielen sie plötzlich heftige *Schuldgefühle*. Obwohl sie die leichte emotionale Besserung, die das Schuldgefühl mit sich brachte, bewusst nicht erkannte, bedeutete es auf der Schwingungs-Ebene doch einen wichtigen Durchbruch für sie. Und dann erwachte in ihr heftiger *Zorn*. Dieser Zorn richtete sich gegen die Frau, die bei ihrem Vater gewesen war, als er das Bewusstsein verlor. Sie war wütend darüber, dass diese Frau ihrem Vater eine so starke Medikamenten-Dosis verabreicht hatte (um seine Schmerzen zu lindern). Sie gab der Frau die *Schuld*, dass ihr die letzte Möglichkeit, noch einmal mit ihrem Vater zu sprechen, genommen worden war.

Zwar war ihr das zu diesem Zeitpunkt nicht bewusst, aber die Gefühle von Schuld, Zorn, Ärger und Schuldzuweisungen gegenüber einer anderen Person stellten klare Verbesserungen ihrer anfänglichen emotionalen Verfassung dar. Als sie anfing, der anderen Frau die Schuld zu geben, begann sie, sich sehr viel besser zu fühlen. Sie konnte freier atmen und fand endlich wieder Schlaf.

Natürlich ist es immer vorzuziehen, wenn Du den besseren emotionalen Zustand bewusst anstrebst. *Aber sogar wenn, wie in diesem Fall, die emotionale Verbesserung automatisch und unbewusst erfolgt, verschafft jede dieser Verbesserungen Dir Zugang zu etwas noch Besserem.*

Hast Du einmal erfahren, welche Erleichterung *Wut* und *Schuldzuweisungen* Dir im Vergleich zu so erstickenden, lähmenden Emotionen wie *Ohnmacht* und *Depression* verschaffen können, kannst Du auf der Skala der Emotionen noch rascher aufsteigen. Zwar kann selbst der Aufstieg von einer Stufe der Skala zur nächsten einen, manchmal sogar zwei Tage dauern, doch von (22) *Trauer* zu (21) *Schuldgefühle* zu (18) *Rachlust* zu (17) *Ärger* zu (15) *Vorwürfe/Schuldzuweisungen* kannst Du Deine Verbindung zur Ur-Kraft und zu Deinem Gefühl der eigenen Macht und Freiheit viel schneller wiederherstellen, als die meisten Menschen glauben.

Hier sind Beispiele für bewusste Aussagen, die diese Frau hätte benutzen können, um ihren emotionalen Zustand zu verbessern:

Ich habe alles Erdenkliche getan, um meinem Vater zu helfen, aber es war nicht genug.
(Trauer)

Ich vermisse ihn so. Ich kann es nicht ertragen, dass er nicht mehr da ist.
(Trauer)

Wie soll ich meine Mutter nur trösten?
(Verzweiflung)

Jeden Morgen, wenn ich aufwache, denke ich als erstes daran, dass mein Vater nicht mehr da ist.
(Trauer)

Ich hätte nicht nach Hause fahren sollen, um zu duschen.
(Schuldgefühle)

Ich hätte bei ihm bleiben sollen. Dann hätte ich mich von ihm verabschieden können.
(Schuldgefühle)

Ich hätte merken müssen, wie es um ihn steht.
(Schuldgefühle)

Tag und Nacht war ich bei ihm, und doch hatte ich keine Gelegenheit, mich von ihm zu verabschieden.
(Zorn)

Die Frau, die bei ihm war, wusste doch ganz genau, was geschah.
(Zorn)

Was würde sie wohl empfinden, wenn der Spieß umgedreht würde, und ich würde ihren Vater ins Koma versetzen?
(Rachlust)

Sie hat in ihrem Beruf schon viele Menschen sterben sehen, und sie hätte mich warnen müssen, dass ich in diesem Moment meinen Vater nicht hätte allein lassen sollen.
(Ärger)

Ich glaube, sie hat es genau gewusst und wollte nicht, dass ich anwesend bin.
(Ärger)

Sie gab ihm eine zu hohe Dosis, um sich selbst die Sache zu erleichtern.
(Vorwurf/Schuldzuweisung)

Ich wünschte, ich hätte mich von ihm verabschieden können.
(Enttäuschung)

Es gibt jetzt so viel, um das ich mich kümmern muss, aber ich fühle mich alledem nicht gewachsen.
(»Kontra-Sein«)

Während Vaters Krankheit habe ich mein übriges Leben völlig vernachlässigt. Ich muss mich um all diese Dinge kümmern und mich neu organisieren.
(»Kontra-Sein«)

Die Ärzte und das Pflegepersonal haben kein Verständnis dafür, was die Angehörigen sterbender Menschen durchmachen.
(Frustration)

Ihnen ist doch egal, wie ich mich fühle. Sie wollen nur die medizinischen Geräte abholen, die jetzt nicht mehr gebraucht werden.
(Irritation)

Es wird mir gut tun, jetzt wieder mehr Zeit mit meinem Mann und meinen Kindern zu verbringen.
(Hoffnung)

Es wird ein gutes Gefühl sein, mich wieder mit voller Kraft meinen beruflichen Aufgaben zu widmen.
(Positive Erwartung)

Ich weiß, dass ich mich mit der Zeit wieder besser fühlen werde.
(Positive Erwartung)

Ich weiß nicht, ob ich mich je wieder so fühlen werde wie vorher, aber ich weiß, dass ich mich besser fühlen werde als jetzt.
(Positive Erwartung)

Es gibt so vieles, das ich tun möchte.
(Positive Erwartung)

Ich freue mich so darauf, wieder lachen zu können und echte Freude zu spüren.
(Positive Erwartung)

Ich mag meinen Mann so sehr. Es ist unglaublich, wie er mir beigestanden hat.
(Wertschätzung)

Ich empfinde Hochachtung für all die Menschen, die sich um meinen Vater und meine Mutter gekümmert haben.
(Wertschätzung)

Ich mag meine Schwestern. Wir alle lieben unsere Eltern, und wir lieben einander.
(Wertschätzung)

Alles in allem hatte unsere Familie immer ein wunderbares Leben, und das gilt auch weiterhin.
(Wertschätzung) (Liebe)

Der Tod ist ein Teil des Lebens.
(Wissen)

Da wir alle ewige Wesen sind, gibt es den so genannten »Tod« gar nicht wirklich.
(Wissen)

Mein Vater ist nicht wirklich fort, denn den Tod gibt es gar nicht.
(Wissen)

Er befindet sich jetzt an einem Ort, wo es keine Traurigkeit und keinen Schmerz gibt.
(Wissen)

Dort fühlt er sich bestimmt wunderbar.
(Freude)

Es ist wunderbar zu wissen, dass er sich jetzt an einem Ort befindet, wo absolute Freude und Erkenntnis herrschen.
(Freude)

Ich liebe dieses wunderbare Dasein hier auf Erden.
(Freude)

Es ist ein wunderbares Gefühl, dass sich alles auf so perfekte Weise fügt.
(Freude)

Es war großartig, einen so wunderbaren Menschen zum Vater zu haben.
(Freude)

Letztlich war das alles gut und richtig so.
(Freude)

Das <u>ist</u> alles gut und richtig.
(Freude)

Denke daran, dass Du keinen Zugang zu Emotionen hast, die sich weit von Deiner momentanen Schwingung entfernt befinden. Gönne Dir ruhig einen ganzen Tag, um die Emotion, die Du momentan spürst, richtig auszuleben. Doch am nächsten Tag solltest Du

Dich auf der Emotions-Skala ein Stück nach oben bewegen, selbst wenn es sich nur um eine leichte Verbesserung handelt.

Wenn Du gerade eine nur leicht negative Emotion erlebst, wirst Du auf der Skala rasch nach oben steigen können. Wenn die negative Emotion erst seit kurzem vorhanden ist, wirst Du rasch wieder aufsteigen können. Wenn Deine emotionale Situation dagegen sehr ernst ist oder wenn es sich um einen Zustand handelt, in dem Du Dich schon seit vielen Jahren befindest, kann die Reise durch die Skala der Emotionen 22 Tage in Anspruch nehmen. Dabei wählst Du dann von Tag zu Tag die nächsthöhere Emotion. Doch 22 Tage von der *Ohnmacht* zu *Freiheit* und *Macht* sind überhaupt nicht lange, wenn man berücksichtigt, dass viele Menschen sich viele Jahre lang in einem Zustand der *Trauer, Unsicherheit* oder *Ohnmacht* befinden.

Nun weißt Du, dass Dein Ziel darin bestehen sollte, nach Emotionen zu streben, die sich besser anfühlen. Wir sind zuversichtlich, dass diese Methode Dich von negativen Emotionen befreien wird, mit denen Du Dich schon seit Jahren herumplagst. Und indem Du nach und nach den Widerstand auflöst, den Du unwissentlich aufgebaut hast, wirst Du schon bald eine erstaunliche Verbesserung Deiner Lebensumstände erfahren ... und zwar in allen Bereichen, die Dir gegenwärtig zu schaffen machen.

Ein Wort zum Schluss

Nehmt all das nicht zu schwer. Ihr neigt sowieso dazu, alles viel zu ernst zu nehmen. Dabei ist das Leben dazu gedacht, sich zu freuen und Spaß zu haben. Wisst Ihr das?

Während wir Euch dabei zuschauen, wie Ihr Euch Eure Leben erschafft, empfinden wir nur Liebe für Euch und Wertschätzung für all das, was Ihr seid. Ihr seid echte Schöpferinnen und Schöpfer und befindet Euch an der Speerspitze der Evolution. Ihr geht durch die wunderbaren Kontraste Eurer evolutionären Umwelt und trefft Entscheidungen, mit denen Ihr die Lebensenergie, die Ur-Kraft, aktiviert und zum Fließen bringt. Mit Worten lassen sich Euer Wert und Eure Rolle im Universum nur ungenügend beschreiben.

Es ist unser großer Wunsch, dass Ihr zu Eurem natürlichen Zustand der Selbst-Wertschätzung zurückfindet. Wir möchten, dass Ihr Liebe empfindet für Euer Leben, für die anderen Menschen in Eurer Welt und, vor allem, für Euch selbst.

Hier bei uns liebt man Euch sehr.

Und … einstweilen … endet hier unsere Botschaft an Euch.

Anhang

Die Stufen Deiner Emotionalen Feedback-Skala

Man könnte sagen, dass unterschiedliche Emotionen unterschiedliche Schwingungsfrequenzen haben, aber zutreffender ist Folgendes: Deine Emotionen sind *Indikatoren* Deiner jeweiligen Schwingungsfrequenz. Führe Dir immer wieder vor Augen, dass Deine Emotionen anzeigen, in welchem Maße Du Dich in Schwingungs-Harmonie mit der Ur-Kraft befindest. Je besser Du Dich fühlst, desto offener bist Du und desto mehr befindest Du Dich in Harmonie mit Deinen Wünschen. Wenn Du Dir das immer wieder klar machst, wirst Du schon bald verstehen, wie Du mit Deinen Emotionen umgehen solltest.

Wenn Du Dich in völliger Harmonie mit der Ur-Kraft befindest, bist Du Dir der folgenden Tatsachen bewusst:

- Du bist frei.
- Du bist mächtig.
- Du bist gut.
- Du bist Liebe.

- Du bist wertvoll.
- Dein Leben hat einen Sinn.
- Alles ist gut.

Jedesmal, wenn Du Gedanken denkst, die Dich veranlassen, Dir Deiner wahren Natur bewusst zu werden, bringst Du Dich in Harmonie zur Ur-Kraft, Deinem Ursprung. Das Gefühl, das diese Gedanken in Dir wachrufen, ist das höchste Gefühl überhaupt, die Emotion des Offen-Seins, der Verbundenheit mit der Ur-Kraft.

Stell Dir ein Anzeigeinstrument vor, dessen Skala den Grad Deiner Offenheit für die Ur-Kraft wiedergibt – vom Spitzenwert, Deiner völligen Offenheit für die Ur-Kraft, abwärts bis zum Punkt Deiner größten inneren Verschlossenheit und Abwehr.

Eine solche Skala der Emotionen sieht ungefähr wie folgt aus:

1. Freude/Wissen/Macht/Freiheit/Liebe/Wertschätzung
2. Leidenschaft
3. Begeisterung/Hingabe/Glücklichsein
4. Positive Erwartung/Glaube
5. Optimismus
6. Hoffnung
7. Zufriedenheit
8. Langeweile
9. Pessimismus
10. Frustration/Irritation/Ungeduld
11. »Kontra-Sein«
12. Enttäuschung
13. Zweifel
14. Sorge

15. Vorwürfe/Schuldzuweisungen gegen andere
16. Entmutigung
17. Ärger
18. Rachlust
19. Hass/rasender Zorn
20. Neid/Eifersucht
21. Unsicherheit/Schuldgefühle/Minderwertigkeitsgefühle
22. Furcht/Trauer/Depression/Verzweiflung/Ohnmacht

Wenn Du Dir darüber im Klaren bist, wo Du gegenwärtig stehst und wo Du hinwillst, und wenn Du darüber hinaus weißt, wie Du feststellen kannst, ob Du Dich in die richtige Richtung bewegst ... dann kann Dich nichts mehr aufhalten. Der fälschliche Eindruck, keine Kontrolle über das eigene Leben zu haben, entsteht nur, solange Du keine Möglichkeit hast zu überprüfen, in welche Richtung Du Dich bewegst. Ohne eine bewusste Wahrnehmung und Deutung Deiner Emotionen wird es immer wieder passieren, dass Du Dich ungewollt von dem angestrebten Zustand entfernst, statt Dich zu ihm hinzubewegen.

Es gibt viele Worte, um Emotionen zu beschreiben, aber im Grunde existieren nur zwei Emotionen: ein gutes Gefühl und ein schlechtes Gefühl. Und jede Stufe auf der Skala der Emotionen zeigt lediglich Deinen Grad der Offenheit für die reine, positive Ur-Kraft an. Der höchste Grad des Offen-Seins, der Verbundenheit, gekennzeichnet durch Gefühle der Freude, Liebe, Wertschätzung, Freiheit und Zuversicht, bedeutet, dass Du Dich mächtig fühlst, im vollen Besitz Deiner kreativen Kraft. Und die unterste Stufe auf der Skala, charakterisiert durch Verzweiflung, Trauer, Angst oder Depression, bedeutet, dass Du Dich vollkommen ohnmächtig fühlst.

Schon die kleinste Besserung Deiner Gefühlslage, die Du *bewusst* und *gezielt* selbst herbeiführst, ist von enormem Wert, denn durch diese kleine emotionale Verbesserung erlangst Du ein Stück Kontrolle über Dein Leben zurück. Und auch wenn Du vielleicht noch nicht die volle Kontrolle wiedergewonnen, Dich noch nicht wieder vollständig für die Ur-Kraft geöffnet hast, so fühlst Du Dich doch nicht länger ohnmächtig. Von da an ist Dein Rückweg zur Spitze der Emotions-Skala nicht nur möglich, sondern sogar relativ leicht.

Um das wunderbare Gefühl persönlicher Macht und Selbstbestimmung zurückzugewinnen, musst Du Dich dafür entscheiden, hier und jetzt, wie immer Du Dich momentan fühlen magst, Dein Bestes zu geben, mit den Mitteln, die Dir gegenwärtig zur Verfügung stehen. Wähle den sich am besten anfühlenden Gedanken, der momentan für Dich erreichbar ist. Wenn Du dies immer wieder tust, wirst du dich schon nach kurzer Zeit sehr wohlfühlen. So bist du immer auf dem richtigen Weg!

»Wenn ich die richtigen Emotionen erreichen kann, kann ich alles erreichen!«

»Hier und jetzt werde ich danach streben, mich so gut wie möglich zu fühlen, indem ich den Gedanken wähle, der sich gegenwärtig am besten anfühlt. Ich werde mich ab jetzt immer besser und besser fühlen.«

Vergiss nicht:

- Heftiger Zorn fühlt sich besser an als Depression, Trauer, Verzweiflung, Angst, Schuldgefühle oder Ohnmacht.
- Rachlust fühlt sich besser an als heftiger Zorn.
- Wut fühlt sich besser an als Rachlust.
- Vorwürfe und Schuldzuweisungen gegen andere fühlen sich besser an als Wut.
- Kontra-Sein fühlt sich besser an als Vorwürfe und Schuldzuweisungen.
- Frustration und Ungeduld fühlen sich besser an als Kontra-Sein.
- Pessimismus fühlt sich besser an als Frustration.
- Hoffnung fühlt sich besser an als Pessimismus.
- Optimismus fühlt sich besser an als Hoffnung.
- Positive Erwartung fühlt sich besser an als Optimismus.
- Freude fühlt sich besser an als positive Erwartung.

Mit der Zeit und etwas Übung wirst Du sehr kompetent darin werden, die Botschaften Deines *Emotionalen Feedback-Systems* zu deuten. Wenn Du konsequent dabei bleibst, Dir immer wieder durch bessere Emotionen Erleichterung zu verschaffen, wirst Du Dich schließlich fast ständig gut fühlen. Damit öffnest Du Deinen Erfahrungsbereich für all die guten Dinge, die Du Dir wünschst und ersehnst.

Glossar

Alles-Was-Ist (All-That-Is): Die Ur-Kraft, aus der alle Dinge hervorgehen; und alle Dinge, die aus dieser Ur-Kraft hervorgehen.

All-Gute, das (All Is Well): Die Grundlage von Allem-Was-Ist ist Wohl-Sein. Es gibt im Universum keine Existenzgrundlage für irgendetwas anderes als Wohl-Sein. Wenn Du den Eindruck hast, gegenwärtig etwas anderes als Wohl-Sein zu erleben, liegt das ausschließlich daran, dass Du selbst eine Perspektive gewählt hast, die Dich vorübergehend vom natürlichen Fluss des Wohl-Seins isoliert.

Bewusste Schöpfung (Deliberate Creation): Sich auf eine Absicht konzentrieren, während man sich gleichzeitig des eigenen Schwingungs-Zustandes und seiner Verbindung zur Ur-Kraft bewusst ist.

Bewusstsein (Consciousness): Bewusstheit.

Bewusstseins-Strom (Stream of Consciousness): Der sich ewig ausdehnende Schwingungs-Strom, aus dem alles hervorgeht, was existiert.

DU (You, großgeschrieben): Ein ewiges Bewusstsein, das den völligen Überblick hat über Deine größere, nicht-physische Perspektive, Deine physische Perspektive und sogar Deine körperlich-zellulare Perspektive.

Emotion (Emotion): Die physische Reaktion Deines Körpers auf Deinen Schwingungs-Zustand, der wiederum davon abhängig ist, worauf Du Deine Aufmerksamkeit richtest.

Emotionaler Set-Point (Emotional Set-Point): Der emotionale Zustand, in dem Du Dich am häufigsten befindest.

Emotionales Feedback (Emotional Guidance): Deine Emotionen zeigen zuverlässig an, was Du in Dein Leben ziehst, je nachdem, auf welche Dinge Du Deine Aufmerksamkeit richtest.

Energie (Energy), nicht-physisch: Der elektrische Strom, der die Grundlage bildet von allem, was existiert.

Energie-Fluss (Energy Stream): Der elektrische Strom, der die Grundlage bildet von allem, was existiert.

Essenz (Essence): Schwingungs-Übereinstimmung zwischen verschiedenen Wesen.

Evolutionäres Denken (Leading Edge of Thought): Ein Zustand des entspannten und gezielten Nachsinnens über neue, fortschrittliche Ideen. Die fröhliche Bereitschaft, Neues zu entdecken und neue Wege zu gehen.

Feedback-System (Guidance System): Vergleichen Deines energetischen Zustandes, wenn Du Dich in Einklang mit der Ur-Kraft befindest, mit Deinem energetischen Zustand, wenn Du Dich nicht in Einklang mit der Ur-Kraft befindest.

Gesetz der Anziehung (Law of Attraction): Die Grundlage Deiner Welt, Deines Universums und von Allem-Was-Ist. Dinge, deren Schwingungs-Frequenz übereinstimmt, ziehen sich gegenseitig an.

Gesetz der Bewussten Schöpfung (Law of Deliberate Creation): Gezielte gedankliche Konzentration mit dem Ziel, sich im Einklang mit den eigenen Wünschen zu fühlen.

Gesetze (Laws): Die ewig gleichen Reaktionen des Universums auf das, was nicht-physische oder physische Wesen denken und tun.

Inneres Sein (Inner Being): Der ewige Teil von Dir, der alles wahrnimmt, was Du jemals warst, und alles, was Du gegenwärtig bist. Diese Perspektive ist Dir jederzeit zugänglich, Du musst Dich nur dafür »öffnen«.

Kollektives Bewusstsein (Collective Consciousness): Alle Gedanken, die jemals gedacht wurden, existieren noch immer. Alle wahrnehmenden Wesen haben Zugang zu allem, was wahrgenommen wird oder jemals wahrgenommen wurde. Diese Gesamtheit aller Gedanken existiert als kollektives Bewusstsein.

Kontra-Sein (Overwhelment): Konflikthafter Zustand, in dem Du Dich auf etwas Gewünschtes konzentrierst, aber gleichzeitig unfähig bist, es zu erlangen.

Kunst des Sich-Öffnens, die (Art of Allowing): Die Praxis, die Objekte, auf die Du Deine Aufmerksamkeit richtest, bewusst danach auszuwählen, wie Du Dich dabei fühlst. Indem Du bewusst Gedanken wählst, die sich gut anfühlen, bringst Du Dich in Einklang mit der Ur-Kraft und erlangst Wohl-Sein.

Lebenskraft (Life Force): Ewiges Bewusstsein, das in spezifischer Weise fokussiert ist.

Massenbewusstsein (Mass Consciousness): Die gemeinsame Bewusstheit einer großen Zahl wahrnehmender Wesen. In der Regel ist damit die gemeinsame Bewusstheit der physischen Erdenmenschen gemeint.

Meditation (Meditation): Zustand, in dem Dein Bewusstsein zur Ruhe kommt, sodass keine widerstreitenden Gedanken mehr Deiner Schwingungs-Harmonie mit der Ur-Kraft im Wege stehen.

Nicht-Physische, das (Non-Physical): Ewiges Bewusstsein, das die Grundlage alles Physischen und alles Nicht-Physischen bildet.

Offen-Sein (Receiving Mode): Ein Schwingungs-Zustand, in dem es keinen inneren Widerstand gibt, sodass vollkommene Harmonie mit der Ur-Kraft besteht.

Schöpfer (Creator): Jemand, der Schöpfungs-Energie gezielt einsetzt.

Schöpferische Lebenskraft (Creative Life Force): Der elektrische Strom, der die Grundlage bildet von allem, was existiert.

Schöpfungsenergie (Creative Energy): Der elektrische Strom, der die Grundlage bildet von allem, was existiert.

Schöpfungsprozess (Creative Process): Gezielte Lenkung des elektrischen Stromes, der die Grundlage bildet von allem, was existiert, in Richtung bestimmter Ideen oder Absichten.

Schwingung (Vibration): Die entweder harmonische oder disharmonische Reaktion aller Dinge untereinander.

Schwingungs-Frequenz (Vibrational Frequency): Ein Schwingungszustand.

Schwingungs-Harmonie (Vibrational Alignment, Vibrational Harmony oder Vibrational Match): Zustand, wenn zwei oder mehr Wesen oder Dinge in der gleichen Frequenz schwingen. Auch: Der Zustand, in dem die Perspektive zweier oder mehrerer Wesen sich in Übereinstimmung befindet.

Sich-Öffnen (Allowing): Zustand des Einklangs mit dem Wohl-Sein, das aus der Ur-Kraft entspringt. Diesen Zustand rufst Du hervor, indem Du Dich auf Dinge konzentrierst, die Dich innerlich »offen« machen für Deine natürliche Verbindung zur Quelle allen Wohl-Seins. Zwischen dem Sich-Öffnen und dem Tolerieren oder Ertragen besteht ein großer Unterschied. Wenn Du etwas tolerierst oder erträgst, siehst Du, was Du nicht willst, und fühlst die Schwingungsfrequenz dieser Perspektive, unternimmst aber nichts, um diesen Zustand zu verändern. Sich-Öffnen bedeutet dagegen, bewusst nur dem Aufmerksamkeit zu schenken, was Dich in Schwingungs-Harmonie mit der Ur-Kraft bringt. Wenn Du Dich im Zustand des Sich-Öffnens beziehungsweise des Offen-Seins befindest, fühlst Du Dich immer gut.

Selbst, das (Self): Ausgangspunkt jeglicher Bewusstheit. Ausgangspunkt aller Arten von Wahrnehmung.

Totales Du (Total You): Du, in Deiner menschlichen Form, wenn Du Dich gut fühlst und somit keinen inneren Widerstand erzeugst, durch den Du Dich selbst von Deinem wahren Wesen abschneidest.

Universum (Universum): Eine mehr oder weniger quantifizierbare räumliche Erfahrung.

Ur-Kraft (Source): Der sich ewig ausdehnende Schwingungs-Strom des Wohl-Seins, aus dem alles hervorgeht, was existiert.

Ursprungsenergie (Source Energy): Der sich ewig ausdehnende Schwingungs-Strom des Wohl-Seins, aus dem alles hervorgeht, was existiert.

Verbunden-Sein (Connection): Sich in Schwingungs-Harmonie mit der Ur-Kraft befinden.

Wesen (Being): Teil der Ur-Kraft, der eine klar definierte Perspektive einnimmt. Ein nicht-physisches Wesen ist universales Bewusstsein, das aus einer nicht-physischen Perspektive wahrnimmt. Ein physisches Wesen oder ein menschliches Wesen ist nichtphysische Energie, die aus einer physischen Perspektive wahrnimmt.

Wohl-Sein (Well-Being): Der universale natürliche Wohlfühl-Zustand.

Wohl-Seins-Strom (Stream of Well-Being): Der sich ewig ausdehnende Schwingungs-Strom, aus dem alles hervorgeht, was existiert.

Wollen (Wanting): Natürliche Wünsche, die aus jeder vergleichenden, kontrastierenden Erfahrung entstehen.

Wunsch (Desire): Das natürliche Resultat eines Lebens in einer aus Kontrasten und Gegensätzen bestehenden Umwelt. (*Alle* Umwelten bestehen aus Kontrasten und Gegensätzen!)

Geheimnis des Lebens im Einklang mit der Kabbalah

MICHAEL BERG
Der Weg
Lebensweisheit aus der Kabbalah
272 Seiten
€ [D] 20,– / € [A] 20,60 / sFr 35,–
ISBN-13: 978-3-7934-2071-2
ISBN-10: 3-7934-2071-X

Der Weg zeigt, wie sich die Weisheit der Kabbalah für unsere heutigen Lebensprobleme anwenden läßt. Nach der Einführung in den historischen und spirituellen Hintergrund der kabbalistischen Mystik entwickelt das Buch aus der Kabbalah eine praktische Anleitung zu einem spirituellen Leben – einen Transformationsweg für unsere Seele. Dabei verbindet Michael Berg auf anschauliche Weise seine persönliche Erfahrung mit den jahrhundertealten Parabeln und Lehrgeschichten des Zohar.